# GRAMMAIRE

## ÉMINEMMENT PRATIQUE.

# GRAMMAIRE
## ÉMINEMMENT PRATIQUE,

DIVISÉE

En 44 Entretiens, suivis chacun d'exercices synthétiques et analytiques
gradués, et mis à la portée de l'intelligence des plus jeunes
Enfants, applicable à tous les modes
d'enseignement, et complétée par

## UN TRAITÉ D'ORTHOGRAPHE USUELLE,

PAR

**A. BLANCHOT-DEVINEAU,**

EX-INSPECTEUR TEMPORAIRE DES ÉCOLES DE L'ARRONDISSEMENT DE
SENLIS (OISE), MAITRE DU 1er ORDRE DE L'ÉCOLE NORMALE
PRIMAIRE DE PARIS, DIRECTEUR DE L'ÉCOLE
COMMUNALE DE BLOIS, ET

Auteur de la Chorographie du département de Loir-et-Cher.

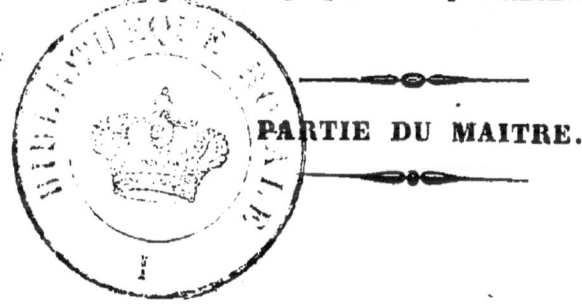

PARTIE DU MAITRE.

BLOIS,
CHEZ TOUS LES LIBRAIRES,
1846
1847

Il sera fait, à l'usage des commençants, un extrait de cette grammaire, composé de tous les alinéas numérotés, compris dans la première partie.

Les exemplaires exigés par la loi ont été déposés.

Tout exemplaire non signé de l'auteur sera contrefait.

Tout contrefacteur sera poursuivi.

## AUX INSTITUTEURS.

Presque tous les grammairiens définissent ainsi la grammaire : *l'art de parler et d'écrire correctement;* mais la plupart ne donnent dans leurs ouvrages que la théorie du langage et du style. MM. Lhomond, Letellier, Noël et Chapsal, Meissas et Michelot, Ch. Martin, etc., ont fait des grammaires élémentaires qui ont eu toutes une vogue populaire et justement méritée : cependant il leur manque quelque chose ; elles sont exclusivement théoriques; la pratique n'y figure nulle part. Il y a bien, pour combler cette lacune des cacographies, des exercices grammaticaux et leurs corrigés, mais tout cela ne suffit pas pour enseigner aux enfants à parler et à écrire correctement. Pour ce double enseignement, il est nécessaire d'exercer souvent l'intelligence, et on n'y réussit pas en faisant écrire sous la dictée, ou corriger une page de cacographie. Si vous donnez à copier à un élève, si vous lui dictez des phrases, sa main seule travaille, ses facultés intellectuelles restent dans l'inaction.

J'ai eu la pensée en publiant cet ouvrage de parer à ce grave inconvénient.

Vous savez tous, par expérience, que la théorie s'apprend par la pratique et que la pratique ne s'acquiert point par la théorie. Vous savez aussi que ce qui rend l'étude de la grammaire difficile, c'est qu'on la présente avec une sécheresse, une aridité désespérante. Lorsqu'à force de menaces et de punitions, ou de promesses et de récompenses, vous aurez fait apprendre par cœur à un élève quelques phrases stériles qu'il ne comprendra pas, il n'en sera pas plus avancé. On le croira savant parce qu'il répondra comme un oiseau parleur à des questions habituelles sur la formation du pluriel, sur la conjugaison des verbes, etc., sans comprendre la signification des mots qu'il aura employés.

Montaigne demandait de son temps, il y a trois cents ans, « que les instituteurs ne se bornassent pas à *meubler* les têtes d'idées diverses, mais qu'ils pensassent aussi à les forger. » Ces paroles sont encore aujourd'hui fort de saison, car *l'art de parler et d'écrire* n'a encore fait que très peu de progrès dans les écoles primaires.

Il est essentiel de cultiver la mémoire, mais il ne faut pas la fatiguer par des exercices hors de la portée de l'intelligence des enfants. Ne leur faites donc pas perdre trop de temps à se mettre dans la tête des définitions ardues, souvent incomprises et presque toujours inutiles. Cultivez cette noble faculté de l'âme qui vient de Dieu, et que nous appelons intelligence, en faisant écrire à l'élève, d'abord des mots qu'il cherchera lui-même, ensuite des phrases, et plus tard des narrations, des lettres, des discours sur un sujet donné. Laissez agir sa pensée ; ne la condamnez pas à se neutraliser en ne donnant à faire à votre élève qu'un travail purement machinal.

Pour enseigner la théorie, quelques explications me paraissent suffisantes, et je laisse cette tâche aux soins des maîtres ; quant à la pratique je la départis entièrement aux disciples. Je proscris les copies *cacographiques*, parce qu'elles ne sont propres qu'à fausser les idées ; je repousse le trop grand nombre de dictées, parce que ces exercices ne sont qu'orthographiques et peuvent rendre paresseuses les facultés intellectuelles. Cependant il en faut faire de temps en temps, des dictées ; elles sont nécessaires pour résumer les règles et les difficultés grammaticales, et pour classer les élèves selon leur force relative.

D'après ma méthode, l'élève fait lui-même sa composition, qui n'est alors ni une copie servile, ni une dictée insignifiante ; c'est l'expression de sa pensée, c'est son œuvre, sa production ; et pour peu que son travail soit passable, pour peu que son maître le loue, il est satisfait d'avoir à moitié réussi : cette satisfaction intérieure qu'il éprouve l'engage à recommencer et à mieux faire, et il finit toujours par faire bien. L'enfant se rend un compte exact de ce qu'il crée, tandis qu'il ne cherche même pas à comprendre ce qu'un autre lui fait faire : il agit, dans ce dernier cas, comme un véritable automate, et voilà justement ce qu'il faut éviter dans l'instruction.

Qui de vous n'a pas vu quelques uns de ses plus jeunes élèves faire sans modèle, sur l'ardoise ou sur le papier, quelques dessins barbares, et témoigner un contentement indicible à la vue de ces figures grossières et informes ? Pourquoi ces jeunes enfants ressentent-ils alors une joie si grande ? C'est qu'ils ont produit quelque chose sans impulsion étrangère ; c'est qu'ils voient un effet de leur capacité, et qu'ils peuvent dire : c'est nous qui avons fait cela. Pourquoi n'en serait-il pas de même quant à l'expression de la pensée par l'écriture ? Laissez vos élèves faire une seule page d'après leur inspiration, ils seront plus satisfaits que d'en avoir écrit dix sous votre dictée.

Parler, c'est émettre ses pensées par des sons ; écrire, c'est émettre ses pensées par des signes qu'on appelle lettres ; Mais avant de parler aux yeux par les signes, il faut avoir formulé mentalement la pensée qu'on veut exprimer : donc, au lieu de faire copier, ou écrire sous la dictée, laissez vos élèves peindre leurs pensées par l'écriture, d'après les règles grammaticales que vous leur aurez expliquées, vous justifierez cette définition : *La grammaire est l'art de parler et d'écrire correctement.*

# PRÉFACE.

Peut-être dira-t-on à la vue de ce livre : encore une grammaire ! N'en avons-nous pas déjà trop ? C'est ce que je me suis dit tout le premier : aussi ai-je hésité longtemps avant de la mettre sous presse. Mais comme c'est le fruit de vingt ans d'expérience, de scrupuleuses observations faites sur l'enfance, de consciencieuses études de nos grammaires modernes, la tentation a été forte ; j'ai succombé et ce livre a paru.

C'est une méthode simple, facile, naturelle, pratique, mise à la portée de l'intelligence la moins développée.

Mais, dira-t-on encore, il n'est guère possible d'innover en grammaire, car cette science est portée au suprême degré de perfection. Oui, certainement, je le reconnais ; aussi, quant au fond, ce livre a beaucoup de ressemblance avec tous les autres qui traitent de la même matière ; un *nom* est toujours un *nom*, un *adjectif* toujours un *adjectif*. Cependant je me suis permis une petite hérésie, et je suis sûr de trouver de nombreux prosélytes parmi mes confrères les instituteurs.

Je fais un sixième mode du *Participe,* parce que ce mot était placé dans les *verbes* comme un profane parmi des initiés. En effet, prenez un mot quelconque dans un verbe, il sera un *mode,* ou un *temps,* ou une *personne,* et le seul mot *participe* n'était rien de tout cela. D'accord avec MM. Meissas et Michelot, j'ai pensé qu'il était temps de le *naturaliser.*

Quant à la partie didactique, elle est toute neuve et traitée avec soin ; les anciens procédés sont renversés de fond en comble ; c'est une révolution complète. Avec toutes les grammaires connues jusqu'à ce jour, quoique fort bonnes en théorie, on fait, des élèves de nos écoles, des machines à orthographe ; on matérialise. Avec celle-ci, on force l'enfant à la réflexion, au recueillement, et conséquemment on exerce son jugement, son intelligence; on spiritualise.

Pour inspirer plus de confiance aux instituteurs, je me suis éclairé des lumières de plusieurs gens de l'art ; j'ai fait examiner et corriger mon manuscrit par un comité de juges compétents, d'hommes spéciaux dans les sciences pédagogique et grammaticale, et ils en ont approuvé le plan.

Avant d'offrir au public des écoles la *grammaire éminemment pratique,* je l'ai appliquée dans ma classe et j'ai obtenu des résultats très satisfaisants. Afin de rendre juges les personnes qui la liront, voici deux des meilleures compositions faites par deux élèves, après six mois d'exercice seulement.

Du 29 Mars 1845.

### SUJET DONNÉ.

*Écrire une lettre à son Maître de Pension, pour lui dire comment on a passé les vacances de Pâques.*

« Mon cher Maitre,

» Je vous écris cette petite lettre pour vous annoncer mon prochain retour dans votre pension, et pour vous marquer de quelle manière j'ai employé les jours de congé que vous avez eu la bonté de m'accorder.

» Vous savez que ma mère vint me chercher le mercredi au soir ; j'arrivai le lendemain à midi : je ne puis vous exprimer la joie que j'éprouvai en revoyant mon pays natal.

» Une fois arrivé, après avoir été rendre visite à mes parents, je suis allé présenter mes hommages à madame de Rostaing, ma bienfaitrice, au château des Pâtis ; puis j'ai été me promener dans le parc et le jardin. Là, j'ai admiré une magnifique plantation d'orangers, un beau canal et un réservoir contenant beaucoup de poissons, et où le lendemain je revins pour pêcher.

» Les jours suivants, j'ai été voir M. le curé, l'instituteur, mon premier maître, et tous mes camarades. Je ne puis vous détailler comment j'ai employé tout le temps de mes vacances ; cependant je vous dirai que, dès les premiers jours, bien que je fusse au sein de ma famille, entouré d'amis, je m'ennuyais, je vous regrettais, vous et tous mes compagnons d'études. Mais heureusement notre congé n'est pas de longue durée ; et le temps marqué pour rentrer à la pension arrive. J'espère qu'une fois rentré en classe, je travaillerai avec ardeur, et je ferai tout mon possible pour que vous n'ayez rien à me reprocher.

» Ainsi, Monsieur, jeudi prochain je serai de retour, et je reprendrai mes occupations ordinaires.

» Je finis ma lettre en vous assurant que je suis toujours votre élève dévoué.

» P. B. »

Du 7 Avril.

### SUJET DONNÉ.

*Description de l'Hiver et du Printemps.* — Comparaison.

« Il n'y a pas longtemps encore que la neige

couvrait la surface des champs ; que les arbres étaient dépourvus de feuilles, de fleurs et de fruits ; que les lacs et les rivières étaient couverts de glace ; que le ciel était constamment chargé de nuages. Alors les oiseaux ne chantaient plus ; cachés avec soin dans le creux des arbres, ils cherchaient à se réchauffer. Le soleil ne donnait plus sa chaleur accoutumée ; le pauvre n'ayant pas où reposer sa tête était en proie à la plus grande misère. C'était l'hiver.

» Grâce au ciel, voilà ces jours de désolation et de tristesse achevés ; le soleil donne sa douce chaleur ; les arbres boutonnent et commencent à fleurir ; le vigneron taille sa vigne avec la plus grande activité ; le laboureur trace ses sillons avec intelligence, et sème les blés de mars, les orges et les avoines. Les oiseaux contents se perchent sur les plus hautes branches des arbres pour faire entendre leurs doux concerts. Les abeilles vont sur les fleurs naissantes pour sucer leurs doux calices, et en emporter le suc dans leurs ruches. C'est le doux printemps.

» A. R. »

## PROCÉDÉS A SUIVRE

### POUR L'ENSEIGNEMENT DE LA GRAMMAIRE.

1er *Procédé*. Chaque élève ayant un exemplaire de l'abrégé de ce livre, lira à son tour une ou plusieurs phrases.

2e *Procédé*. Le maître ou le moniteur fera les questions qui se trouvent après chaque *entretien*.

3e *Procédé*. Le maître ou le moniteur indiquera l'*exercice* à faire.

NOTA. Les *exercices* seront faits sur le tableau noir, ou sur le papier, ou verbalement, selon l'exigence de chacun.

On ne devra jamais passer à un *entretien* suivant avant de savoir faire parfaitement les *exercices* de celui qui fait l'objet de la leçon présente.

Pendant la lecture de chaque leçon, l'élève lisant devra s'arrêter à chaque ligne ponctuée, afin de laisser au maître ou au moniteur le temps de faire les observations comprises dans tout ce qui est imprimé en caractères fins.

# ENTRETIENS
## sur
# LA GRAMMAIRE FRANÇAISE.

## PREMIER ENTRETIEN.

### INTRODUCTION.

1. La grammaire française est l'art de parler et d'écrire notre langue selon les règles établies.

2. En parlant, on emploie des mots ; ces mots sont composés de *sons* et *d'articulations*.

3. Il y a, dans la langue française, quatorze sons, dont sept d'une seule lettre : *a, e, é, è, i, o, u* ; et sept de deux lettres : *eu, ou, an, in, on, un, oi*. Les autres *sons* qui ne sont pas écrits ainsi s'appellent *sons équivalents* (1).

4. Il y a vingt et une articulations dont dix-huit d'une seule lettre : *b, c, d, f, g, j, k, l, m, n, p, q, r, s, t, v, x, z* ; et trois de plusieurs lettres : *ch, gn, ill*. Il n'y a qu'une seule articulation équivalente : *ph*. Ces articulations sont dites simples

---

(1) Voyez la Phonologie, méthode de lecture du même auteur.

par rapport à d'autres qui sont doubles ou triples, telles que : *bl, cr, pr, fl, scr*, etc. (1).

5. Les différentes combinaisons de ces sons et de ces articulations forment tous les mots parlés dont se compose notre langue (2).

*Questions.* 1. Qu'est-ce que la grammaire française ? 2. Qu'emploie-t-on en parlant ? 3. Combien y a-t-il de sons dans notre langue ? Nommez-les ? 4. Combien avons-nous d'articulations ? Nommez-les ? 5. De quoi se forment les mots parlés (2) ?

### 1er EXERCICE.

Quels sont les sons qui entrent dans la composition des mots suivants : *papa, maman, frère, livre, maison, table, école*, etc. ?

Quelles sont les articulations des mêmes mots ?

Faire faire un grand nombre de décompositions semblables ; c'est ainsi qu'on fera apprendre l'orthographe usuelle.

### 2e EXERCICE.

Ecrivez les mots suivants, et distinguez-en les sons des articulations, en soulignant les sons. (Les écrire sur le tableau noir, pour que chaque élève les copie.) *Ami, papa, maman, tante, oncle, livre, plume, maison, château, soldat, moulin, général, caporal, fromage, potage*, etc. (3).

---

(1) Voyez la Phonolégie.

(2) A la fin de chaque *entretien*, le maître ou le moniteur fera les questions et indiquera les exercices à faire.

(3) Chaque exercice devra être corrigé avec soin. Le maître corrigera d'abord les élèves les plus avancés, et ceux-ci corrigeront à leur tour les élèves les moins avancés.

## 2ᵉ ENTRETIEN.

6. En écrivant, on emploie également des mots, et ces mots contiennent des lettres, lesquelles représentent les sons et les articulations.

7. Les lettres se divisent en voyelles et en consonnes.

8. Les voyelles sont : *a, e, i, o, u, y*. On les appelle voyelles parce que seules elles forment les sons que peut faire entendre la voix.

9. Les consonnes sont : *b, c, d, f, g, h, j, k, l, m, n, p, q, r, s, t, v, x, z;* Ces lettres sont appelées consonnes parce qu'elles ne peuvent sonner, c'est-à-dire que la voix ne peut les faire entendre qu'avec le secours des voyelles.

10. Il y a deux formes de lettres ; les *minuscules*, ou petites, et faites de cette manière (les écrire sur un tableau noir) : *a, b, c, d, e, f, g, h, i, j, k, l, m, n, o, p, q, r, s, t, u, v, x, y, z ;* et les *majuscules* ou grandes ; celles-ci : A, B, C, D, E, F, G, H, I, J, K, L, M, N, O, P, Q, R, S, T, U, V, X, Y, Z.

Les majuscules s'appellent aussi *capitales* parce qu'elles se mettent toujours à la tête d'un chapitre, d'une phrase, d'un mot (1).

11. Les différentes combinaisons de ces voyelles

---

(1) Tout alinéa en caractères fins sera lu par le maître ou le moniteur comme observation.

et de ces consonnes forment tous les mots écrits dont notre langue se compose.

*Questions.* 6. Qu'emploie-t-on en écrivant ? 7. Comment se divisent les lettres ? 8. Quelles sont les voyelles ? Pourquoi les appelle-t-on voyelles ? 9. Quelles sont les consonnes ? Pourquoi les appelle-t-on consonnes ? 10. Combien y a-t-il de formes de lettres ? 11. De quoi se forment les mots écrits ?

### 1er EXERCICE.

Quelles sont les voyelles qui entrent dans la composition des mots suivants : *ami, papa, maman, tante, oncle,* etc. ?

### 2e EXERCICE.

Ecrivez les mots suivants et distinguez-en les voyelles des sons, en pointant les voyelles et en soulignant les sons :

Château, moulin, eau, enfer, purgatoire, etc.

### 3e EXERCICE.

Distinguez les consonnes des articulations de la même manière.

Château, moulin, campagne, paille, etc.

## 3e ENTRETIEN.

12. On appelle syllabe un assemblage de lettres qui se prononcent d'une seule émission de voix :

*Châ-teau, fon-tai-ne.*

13. Une syllabe est quelquefois formée d'une seule lettre comme dans :

*A-me, i-dée, o-deur.*

**14.** On divise les mots en autant de syllabes qu'on fait entendre de sons en les prononçant.

Père a deux syllabes, *pè-re*, puisqu'en prononçant ce mot on fait entendre les deux sons, è, e.

École a trois syllabes, *é-co-le*, puisqu'en prononçant ce mot on fait entendre les trois sons é, o, e. Prémédité a quatre syllabes, *pré-mé-di-té*. Géographique en a cinq, *gé-o-gra-phi-que*.

**15.** L'arrangement de plusieurs mots qui forment un *sens* s'appelle phrase :

*Dieu a créé le monde.*

On appelle discours une certaine quantité de phrases coordonnées sur un même sujet.

## DES ACCENTS.

**16.** Les accents sont de petits signes que l'on met sur les voyelles pour en modifier la prononciation.

**17.** Nous avons trois accents : 1° l'accent aigu (´) que l'on met sur l'*e* fermé, comme dans les mots suivants :

*Vérité, sérénité, régénéré,* etc.

**18.** 2° L'accent grave (`) que l'on met sur l'*e* ouvert, comme dans :

*Père, mère, frère, succès, accès,* etc.

Cet accent se met aussi sur l'*a* et sur l'*u*, dont il modifie la valeur ou le sens sans rien changer à leur prononciation :

*a,* à ; *ou,* où.

**19.** 3° L'accent circonflexe (^) qu'on met sur la plupart des voyelles que l'on allonge par la prononciation, comme dans les mots :

*Côte, apôtre, gîte, île, flûte, mûre, mulâtre,* etc.

**20.** Les voyelles sur lesquelles on place l'accent circonflexe s'appellent *voyelles longues,* et, par opposition, les autres s'appellent *voyelles brèves.*

**21.** Nous avons beaucoup de voyelles longues, ou plutôt de sons longs qui ne sont pas marqués par l'accent circonflexe :

*Eau, sabre, chauve, chose, nez, mars, septembre, monstre, ventre, épouse,* etc., et tous les mots terminés par *e* précédé d'une autre voyelle : *vie, vue, égarée, flétrie,* etc. (1)

---

*Questions.* 12. Qu'appelle-t-on syllabe ? 13. De quoi se compose une syllabe ? 14. Comment divise-t-on les mots ? 15. Qu'est-ce qu'une phrase ? Qu'est-ce qu'un discours ? 16. Qu'appelle-t-on accents ? 17. Combien y a-t-il d'accents ? Où se met l'accent aigu ? 18. Où se met l'accent grave ? 19. Où se met l'accent circonflexe ? 20. Comment appelle-t-on les voyelles surmontées d'un accent circonflexe ? 21. Y a-t-il des sons longs qui ne sont pas surmontés d'un accent circonflexe ?

---

(1) Voyez la Phonolégie.

PRATIQUE. 23

## 1er EXERCICE.

Ecrivez les mots suivants, et séparez-en les syllabes(1).

*En-fant, ma-man, pa-pa, bon-bon, jou-jou, tan-te, on-cle, appartement, province, maître, maîtresse, muraille, femme, homme, entreprise, sentiment, justification, enseignement mutuel, simultané, individuel, etc., etc.*

## 2e EXERCICE.

Comptez les accents qui se trouvent dans les mots suivants, et distinguez-les en écrivant le nombre de chaque espèce.

*Vérité, emblème, régénéré, frère, père, succès, apôtre, côte, albâtre, pâtre, Diogène, Eugène, digéré, je digère, prière, mûre, j'en suis sûr. Une île est une partie de terre entourée de tous côtés par l'eau. Où allez-vous? Je vais à Paris. Le froid est si vif qu'il pénètre mes vêtements.*

### RÉCAPITULATION.

..... accents aigus ..... accents graves ..... accents circonflexes.

## 3e EXERCICE.

Écrivez les mots suivants et soulignez-en chaque son long, surmonté ou non d'un accent circonflexe.

*Les douze apôtres ont prêché l'Évangile. Nous avons déjeûné ensemble. Le signe de la croix est l'abrégé des mystères. Saint Pierre était pêcheur. La pêche miraculeuse. Il sue sang et eau. J'irai moi-même vous porter le dépôt. Les fêtes de Pâques et de la Pentecôte ont été célébrées avec pompe. Mon âge est le double du vôtre. Les pêches de ce pêcher sont mûres.*

---

(1) Ecrire sur le tableau noir cet exercice et les suivants, afin que les élèves les copient.

## 4ᵉ ENTRETIEN.

**Observations sur les lettres E, Y, H.**

22. L'*e* se prononce de trois manières *e, é, è*. On dit qu'il est muet lorsqu'il se prononce légèrement, ou qu'il ne se prononce pas, comme dans les mots suivants :

*Monde, table, livre, je me loue, une belle robe blanche ou bleue*, etc.

23. On dit que l'*e* est fermé lorsqu'on le prononce la bouche presque fermée, et qu'il est surmonté d'un accent aigu, comme dans :

*Vérité, piété, dégénéré*, etc.

24. Il est aussi fermé, bien qu'il ne soit pas surmonté d'un accent aigu, dans un grand nombre de mots dans lesquels le son *é* est formé d'un *e* et d'une consonne :

*Boulanger, boucher, pommier, poirier, chanter, marcher, nez, venez, tranchez, pied, clef*, etc.

25. On dit que l'*e* est ouvert lorsqu'il se prononce la bouche ouverte, et qu'il est surmonté d'un accent grave comme dans :

*Stère, austère, amère, considère, père*, etc.

26. Il est aussi ouvert, bien qu'il ne soit pas surmonté d'un accent grave, dans une grande quantité de mots où le son *è* est formé par un *e* et une ou deux consonnes comme dans :

*Lettre, belle, chandelle, ouvert, mer, bref, ver, fer, enfer, les, des, mes, tes, ses,* etc.

27. L'*y* a la valeur d'un *i* lorsqu'il est placé au commencement ou à la fin des mots :

*Yonne, yeux, bey, dey, Bricy, Bernay, Tournay, Ivry,* etc ;

Ou dans l'intérieur des mots, entre deux consonnes, ou même entre une consonne et une voyelle :

*Hymen, hypocrite, myriamètre, myrte, syntaxe, myope, myologie,* etc.

28. L'*y* vaut deux *i* lorsqu'il est placé entre deux voyelles, ou entre une voyelle et une consonne :

*Noyer, payer, loyal, royal, abbaye,* etc., *pays, paysan,* etc.

Cependant il ne vaut qu'un *i* dans *biscayen, payen, Bayeux, Troyes, Bayonne, Lafayette,* etc.

29. La lettre *h* ne se prononce jamais, quelle que soit la place qu'elle occupe dans un mot : toutefois on l'appelle *muette* lorsqu'elle n'empêche pas la liaison de la consonne finale du mot précédent avec le mot commençant par *h* :

*L'homme, les hommes, l'honneur, les honneurs, une horloge, des horloges, un hôte honnête, des hôtes honnêtes,* etc.

30. On l'appelle *aspirée* lorsqu'elle empêche la liaison du mot précédent avec le mot commençant par *h* :

*La hache, les haches, le hachis, la hallebarde, les hameaux, des harengs, un plat de haricots.*

L'*h* sert aussi à séparer deux sons du même mot pour en empêcher la contraction, comme dans *Mahomet, Lahore, Mahon, cahier, bahut, cahot, Méhul, Lahire,* etc. Cette lettre n'a de valeur dans la prononciation que lorsqu'elle est précédée d'un *p* ou d'un *c*, ce qui fait *ph* comme dans *phare, phénix, géographie, Orphée*; et *ch*, comme dans *charmant, chargé, péché, marcher,* etc. Lorsque *ch* est immédiatement suivi d'un *r*, il se prononce *que*, comme dans *Jésus-Christ, christianisme, chronomètre,* etc. *Ch* a encore la valeur de *que* dans quelques autres mots tels que *catéchumène, archiépiscopal, archéologie,* etc.

---

*Questions.* 22. De combien de manières se prononce l'*e*? Quand est-il muet ? 23. Quand est-il fermé? 24. Quand est-il encore fermé? 25. Quand est-il ouvert ? 26. Quand est-il encore ouvert? 27. Quand l'*y* a-t-il la valeur d'un seul *i* ? 28. Quand a-t-il la valeur de deux *i* ? 29. Quand la lettre *h* est-elle appellée muette ? 30. Quand est-elle appelée aspirée ?

### 1er EXERCICE.

Ecrivez les mots suivants et mettez deux points sur l'*y* valant deux *i*, et un point sur l'*y* ne valant qu'un *i*.

*Syncope, thym, syllabe, royal, loyal, jury, dey, bey, moyen, troyen, Troyes, mitoyen, yeux, Yonne, Montmédy, Domremy, tympan, rayon, payer, tyran, type, tuyau, tutoyer, syntaxe, synonyme, syndic, synthèse, système, royaume, royauté, rudoyer, pays, paysage, hymen, hypocrite, nymphe, ployer.*

## 2ᵉ EXERCICE.

Ecrivez les mots suivants, et distinguez les *h* muets des *h* aspirés, en soulignant les premiers une fois, et les seconds deux fois.

*Habit, hache, heure, hérisson harde, haras, hachette, héros, héroïsme, héroïque, haie, haillon, haine, hameau, hallebarde, hypothèque, hypoténuse, hymen, hymne, hydre, hure, hurlement, humilité, humble, humain, huitième, huitaine, huche, huissier, huile, houppe, houille, houblon, hôtel, hôte, hospice horloge, hoquet, honte, honteux, honneur, hommage, hiver, histoire, etc.*

## 3ᵉ EXERCICE.

Recommencez le 2ᵉ exercice, et mettez *l'* devant chaque mot commençant par un *h* muet, et *le* ou *la* devant chaque mot commençant par un *h* aspiré.

## 5ᵉ ENTRETIEN.

Quoique les sens, ou facultés de sentir, soient totalement étrangers à la grammaire, je crois qu'il est essentiel de les faire connaître avant de passer à l'étude du *nom* ; cette connaissance aidera puissamment à distinguer ce mot des autres parties du discours.

31. Nous possédons cinq sens ou facultés de sentir et de percevoir les objets qui existent réellement.

32. On nomme *organes* les parties de notre corps destinées à l'exercice de nos sens. C'est par les sens et leurs organes que notre âme se met en communication avec tout ce qui existe autour de nous.

33. Les cinq sens sont :

1° La *vue*, qui a pour organes les *yeux* avec lesquels nous voyons tout ce qui nous entoure.

1° L'*ouïe*, qui a pour organes les *oreilles* par lesquelles nous entendons les sons, le bruit.

3° L'*odorat*, qui a pour organe le *nez* par lequel nous sentons les odeurs.

4° Le *goût*, qui a pour organes la langue et le palais à l'aide desquels nous goûtons, c'est-à-dire nous sentons les saveurs et nous distinguons ce qui est bon de ce qui est mauvais, ce qui est agréable à boire ou à manger de ce qui ne l'est pas.

5° Le *toucher*, qui a pour organes toutes les parties du corps et principalement les mains avec lesquelles nous sentons les formes et les qualités diverses que prennent les objets, c'est-à-dire que nous connaissons par nos mains si un objet est lourd ou léger, poli ou rugueux, chaud ou froid.

—

*Questions.* 31. Combien avons-nous de sens ? 32. Comment nomme-t-on les parties de notre corps destinées à l'exercice de nos sens ? 33. Quels sont nos cinq sens ? Quels sont les organes de l'ouïe ? Quel est l'organe de l'odorat ? Quel est l'organe du goût ? Quels sont les organes du toucher ? A quoi servent les yeux ? A quoi servent les oreilles ? A quoi sert le nez ? A quoi servent la langue et le palais ? A quoi servent les mains ?

## EXERCICE.

*Lorsque vous êtes au milieu des champs, et que vous admirez les beautés de la nature, quels sont vos organes qui sont affectés? Lorsque vous êtes dans une église, et que vous entendez les chants sacrés, que vous voyez faire les cérémonies de la religion, quels sont vos organes qui sont en exercice? Lorsqu'au mois de mai vous vous trouvez dans un jardin émaillé de fleurs, qui parfument l'air que vous respirez, quels sont vos organes qui sont exercés? Lorsque vous mangez une pomme ou des confitures, ou toute autre chose, quels sont vos organes qui sont affectés? Si vous présentez un objet quelconque à un aveugle, il le palpera, c'est-à-dire il le touchera pour le connaître; quels seront ses organes en exercice? Si vous prenez un bain, soit dans l'eau froide, soit dans l'eau chaude, quels seront vos organes en exercice?*

## 6ᵉ ENTRETIEN.

### Des Différentes espèces de Mots.

34. On divise tous les mots dont se compose notre langue en neuf espèces qu'on appelle parties du discours ; ce sont :

Le nom, l'article, l'adjectif, le pronom, le verbe, l'adverbe, la préposition, la conjonction et l'interjection.

35. Le *nom* nomme les personnes, les animaux et les choses :

*Pierre, Paul, Louis, chien, chat, cheval, table, banc, maison*, etc.

36. L'*article* fait connaître le genre et le nombre des noms :

Le, la, les, du, des, au, aux.

**37.** L'*adjectif* fait aussi connaître, ou le genre et le nombre, ou la qualité des noms :

Mon, ta, ses, cet, ces, etc., belle, aimable, grand, petit, noir, blanche, etc.

**38.** Le *pronom* remplace le *nom* :

Il, elle, lui, eux, moi, toi, nous, vous, etc.

**39.** Le *verbe* exprime l'existence, la possession, l'action :

Être, je suis, nous serons ; avoir, tu as, vous aurez ; lire, je lis, ils liraient, nous étudions, vous jouez, etc.

**40.** L'*adverbe* se joint au *verbe* et à l'adjectif pour en modifier le sens :

Bien, mal, toujours, tendrement, bientôt, peu, beaucoup, etc.

**41.** La *préposition* se place avant les *noms* et les *verbes* pour les lier aux mots qui précèdent :

A, de, sur, contre, avec, entre, par, pour, sans, etc.

**42.** La *conjonction* sert à joindre les mots et les phrases :

Et, si, mais, quand, lorsque, que, etc.

**43.** L'*interjection*, exprime une émotion :

Ah ! hélas ! oh ! eh bien ! chut ! paix ! etc.

Les cinq premières parties ne comprennent que des mots variables, c'est-à-dire dont la terminaison change selon diverses circonstances ; et les quatre autres comprennent les mots qui s'écrivent toujours de la même manière.

*Questions.* 34. En combien d'espèces divise-t-on les mots qui composent notre langue ? 35. Qu'est-ce que le nom ? 36. L'article ? 37. L'adjectif ? 38. Le pronom ? 39. Le verbe ? 40. L'adverbe ? 41. La préposition ? 42. La conjonction ? 43. L'interjection ?

### 1ᵉʳ EXERCICE.

Écrire différents mots sur un tableau noir, et en faire dire l'espèce par les élèves.

### 2ᵉ EXERCICE.

Écrivez tous les mots désignant les choses que vous voyez dans la classe, et mettez une virgule après chaque mot.

## 7ᵉ ENTRETIEN.

### Du Nom (1). — Première Partie du Discours.

44. On appelle *nom* tous les mots qui nomment des objets capables d'affecter nos sens. Nous les appellerons, pour cette raison, noms sensibles.

Si l'on vous présente une orange, vous la verrez ; si on l'approche de votre nez, vous en sentirez l'odeur ; si vous la touchez, vous en sentirez la forme ; si vous la mangez, vous en sentirez le goût : donc, *orange* est un *nom*, puisqu'il désigne, il nomme un objet qui peut affecter plusieurs de nos sens.

L'examen de cette orange nous fait découvrir d'autres noms. Au premier coup-d'œil, nous voyons une *forme*, une *couleur*, une

---

(1) Tous les grammairiens l'appellent aussi substantif, mais cette dénomination ne convient qu'aux mots représentant des objets *substantiels* ; nous préférons le mot *nom* parce qu'il convient dans tous les cas.

*écorce*; si nous la coupons, nous voyons du *jus*, des *pépins*, des *pellicules*, des *bulbes*, des *zestes*; si nous la flairons, nous sentons une *odeur*; si nous la mangeons, nous sentons une *fraîcheur*, une *acidité*. Donc, *forme, couleur, écorce, jus, pépins, pellicules, bulbes, zestes, odeur, fraîcheur, saveur, acidité* sont des *noms*, puisque les objets désignés par ces mots peuvent être perçus par un ou par plusieurs de nos sens.

Voyons A... (nommer un élève) décomposez l'objet représenté par le mot *oiseau*, et faites-nous connaître tout ce qui peut être perçu par vos sens (1).

Ainsi, tous les mots qui expriment ce que vous pouvez *voir, entendre, sentir, goûter* et *toucher* sont des noms. Cela bien compris, vous pouvez déjà en connaître un grand nombre.

---

## *Question*. 44. Qu'appelle-t-on *nom* ?

### 1ᵉʳ EXERCICE.

Ecrivez tous les mots indiquant les objets qui se trouvent chez vous, dans vos appartements.

### 2ᵉ EXERCICE.

Ecrivez tous les mots qui désignent les objets que vous pourriez voir dans un jardin.

### 3ᵉ EXERCICE.

Ecrivez tous les mots désignant les objets que vous pouvez voir dans une église.

Tous les mots que vous avez écrits dans ces quatre exercices sont des noms puisque vous avez vu, ou que vous pouvez voir les objets qu'ils représentent.

---

(1) Faire décomposer ainsi, soit par écrit, soit de vive voix, un grand nombre d'objets connus des enfants, tels que *homme, école, église, marché, cheval, charrette, maison, cuisine, lit, jardin*, etc.

## 8ᵉ ENTRETIEN.

**45.** Les noms *sensibles* sont de deux sortes : il y a le nom commun et le nom propre.

**46.** On appelle *nom commun* celui qui convient à toutes les personnes d'une même classe, ou à toutes les choses d'une même espèce :

*Homme, enfant, livre, cahier, table, plume, classe, banc, encrier, écolier*, sont des noms communs, parce qu'ils s'appliquent, les uns, à toutes les personnes d'une même classe, les autres, à toutes les choses de la même espèce.

Examinons : le mot *homme* s'applique à tous les hommes ; donc ce mot est commun à toute une classe d'individus. *Enfant* s'applique à tous les enfants ; donc ce mot est aussi commun à toute une classe d'individus. *Livre* s'applique à tous les objets qu'on appelle *livres* ; donc ce mot est commun à toute une espèce de choses. *Cahier* s'applique à tous les objets qu'on appelle *cahiers;* donc ce mot est aussi commun à toute une espèce de choses. Et ainsi des autres.

**47.** On appelle *nom propre* celui qui ne convient pas à toute une classe d'individus :

*Pierre, Louis, Jean, Marie, Clémentine, Tours, Bordeaux*, sont des noms propres.

Les noms de royaumes, de villes, de bourgs, de villages, de hameaux, de châteaux, de fermes, de fleuves, de rivières, de ruisseaux, de montagnes, de contrées ; les noms de baptême et de famille sont toujours des noms propres. Ainsi, France, Espagne, Paris, Madrid, Lyon, Marseille, Toulouse, Arques, Ivry (1)

---

(1) Citez des villes, des villages, des rivières, des ruisseaux des personnes bien connues de vos élèves.

La Seine, la Loire, le Rhône, l'Yonne. Les Alpes, les Pyrénées, la Champagne, la Touraine, Paul, François, Eugénie, Louise, Villars, Vauban, Louis XIV, Napoléon, Louis-Philippe sont des noms propres.

*France* est un nom propre, parce que ce mot ne convient pas à toute une espèce de choses, et parce qu'il sert à distinguer ce royaume des autres royaumes de la terre. *La Seine* est un nom propre, parce que ce mot sert à distinguer un fleuve des autres fleuves.

*Paul, François, Eugénie,* sont des noms propres, parce qu'ils servent à distinguer les individus qui s'appellent ainsi de tous les autres individus qui portent d'autres noms. *Louis XIV, Vauban, Napoléon,* sont des noms propres, parce qu'ils distinguent ces grands hommes des autres grands hommes qui sont autrement nommés.

---

*Questions.* 45. Combien y a-t-il de sortes de noms sensibles? 46. Qu'appelle-t-on noms communs? Pourquoi le mot *homme* est-il un nom commun? 47. Qu'appelle-t-on nom propre? Citez des noms propres? Pourquoi *France* est-il un nom propre?

### 1er EXERCICE.

Ecrivez les noms et les prénoms de tous vos camarades de la classe; vous mettrez les prénoms avant les noms, et vous aurez soin de les commencer par une majuscule.

..............................................

Tous les noms que vous venez d'écrire sont des noms propres.

### 2e EXERCICE.

Ecrivez tous les noms des personnes, des villes, des villages, des hameaux, des rivières, des ruisseaux, des montagnes que vous connaissez. (L'initiale de chaque nom propre doit être une majuscule) (1).

### 3e EXERCICE.

Dans les mots suivants, distinguez les noms propres des noms communs, en soulignant une fois les premiers et deux fois les seconds.

Chaque contrée, chaque ville à ses produits particuliers. On remarque les fourrures de Russie, les vins d'Espagne, les oranges du Portugal, la bière de Belgique, les produits des manufactures d'Angleterre, les parfums d'Arabie, les tapis de Turquie, les fromages de la Suisse, les vins, les grains, les fruits de la France, les montres de Genève, les velours d'Utrecht, les dentelles de Malines et de Valenciennes, les vins de Porto, de Malaga et d'Alicante, les étoffes de soie de Florence, les linons, les batistes, et les toiles de Cambray, les étoffes de laine et de coton de Rouen, les draps d'Elbeuf et de Louviers, la porcelaine de Sèvres, les tapis de Beauvais et d'Aubusson, les glaces de Saint-Gobain, la charcuterie et la bonneterie de Troyes, les couteaux de Langres et de Châtellerault, les biscuits de Reims, les vins blancs d'Epernay, dits vins de Champagne, les dragées et les liqueurs de Verdun, les instruments de musique de Mirecourt, les toiles peintes de Mulhausen, les soieries de Lyon, les armes de Saint-Etienne, le chocolat et les jambons de Bayonne, l'anisette et les vins de Bordeaux, les truffes de Périgueux, les poulardes du Mans.

## 9e ENTRETIEN.

**48.** Nous avons beaucoup de *noms* qui désignent des choses qui n'existent que dans notre esprit, dans notre imagination. Nous les appellerons *noms abstraits*.

---

(1) On appelle *initiale* la lettre qui commence un mot.

Ces choses n'ont ni forme, ni couleur, ni saveur, ni odeur; par conséquent elles ne peuvent être perçues par les organes de nos sens, mais nous les comprenons par les facultés de notre intelligence.

**49.** On reconnaît que ces mots sont des *noms* parce qu'on peut les faire précéder des mots *le, la, les, un, une, des*, etc., ou d'un autre mot qui en modifie le sens en y ajoutant l'idée d'une qualité.

Ainsi, *vertu, vice, pensée, idée, âme, sagesse*, sont des *noms* ; cependant nous ne pouvons ni voir, ni entendre, ni sentir, ni goûter, ni toucher les objets qu'ils représentent; mais on peut dire : *la douce vertu, le vice pernicieux, une pensée sublime, une bonne idée, une âme généreuse, la sagesse divine.*

En réfléchissant un peu sur la valeur des mots, et si vous avez retenu ce que nous venons de dire dans cet *entretien*, vous pouvez reconnaître maintenant parmi les mots tous ceux qui sont appelés noms.

---

*Questions.* 48. N'y a-t-il pas des noms appartenant à des choses qui n'existent que dans notre imagination ? Comment les appelle-t-on ? 49. Comment reconnaît-on que ces mots sont des noms ? Exemple ?

Nous allons faire une lecture; chaque élève, à son tour, lira une ou plusieurs phrases, et désignera ensuite un à un tous les noms qui se trouveront dans ce qu'il aura lu (1).

---

(1) Après la lecture le maître devra reprendre un à un tous les noms, et en faire connaître la signification. Cette analyse des choses doit contribuer puissamment à l'instruction des élèves, et rendre l'étude de la grammaire moins aride. Nous engageons les instituteurs à faire répéter souvent ces lectures analytiques.

## 1er EXERCICE.

Lecture et désignation des noms.

## 2e EXERCICE.

Ecrivez les mots suivants, et distinguez les *noms sensibles* des *noms abstraits*, en soulignant les derniers, et écrivez le nombre de chaque espèce.

*Maison, porte, vertu, idée, château, vice, arbre, forêt, gourmandise, péché, silence, âme, cœur, homme, femme, intelligence, raison, raisonnement, plaisirs, richesse, pauvreté, honneur, argent, terres, larmes, yeux, bouche, parole, conscience, probité, sagesse, devoir, amour, délice, joie, chagrin, plume, papier, livre, crayon, punition, récompense, réprimande, éloge, table, banc,* etc.

### RÉCAPITULATION.

..... noms sensibles ....... noms abstraits.

## 3e EXERCICE.

Ecrivez l'Oraison Dominicale, et soulignez une fois les noms sensibles, et deux fois les noms abstraits

## 10e ENTRETIEN.

### DES GENRES ET DES NOMBRES.

50. Le *nom* est la seule partie du discours qui soit essentiellement variable, c'est-à-dire la seule qui soit susceptible de prendre le genre et le nombre. Les autres mots variables n'admettent de changement de forme que parce que, dans tous les cas, ils dépendent entièrement du *nom*.

### Des Genres.

**51.** Il y a deux genres : le genre masculin et le genre féminin.

**52.** Le genre masculin s'applique aux noms qui désignent des êtres mâles :

*Homme, garçon, cheval, chien, chat,* etc.

**53.** Le genre féminin s'applique aux noms qui désignent des individus femelles :

*Femme, fille, jument, chienne, chatte,* etc.

**54.** Il n'y a réellement de mâles et de femelles que dans les êtres animés; mais par imitation l'usage a donné un genre à des noms qui représentent des êtres qui ne sont ni mâles, ni femelles, tels que *tableau, habit, chapeau,* qui sont du genre masculin; *plume, casquette, maison,* qui sont du genre féminin.

### Des Nombres.

**55.** Il y a deux nombres dans les **noms** : le singulier et le pluriel.

**56.** Un *nom* au singulier représente un seul objet :

*La table, un banc, le maître, cette croisée, la vertu, le vice,* etc.

**57.** Un *nom* au nombre pluriel représente plusieurs objets :

*Les tables, des bancs, les maîtres, ces croisées, les vertus, les vices,* etc.

**58.** Pour marquer le pluriel dans les *noms*, on ajoute un *s* à la fin.

Ainsi, on écrit au singulier, *le livre, la plume, un cahier, ma leçon, votre devoir* sans *s*.

Et au pluriel :

*Les livres, les plumes, des cahiers, mes leçons, vos devoirs* avec un *s* à la fin.

---

*Questions.* **50.** Quelle est la seule partie du discours qui soit essentiellement variable? **51.** Combien y a-t-il de genres? **52.** Que désigne le genre masculin? Exemple? **53.** Que désigne le genre féminin? Exemple? **54.** N'y a-t-il que les êtres animés qui soient mâles ou femelles? **55.** Combien y a-t-il de nombres? **56.** Qu'est-ce qu'un nom au nombre singulier? Exemple? **57.** Qu'est-ce qu'un nom au nombre pluriel? Exemple? **58.** Comment marque-t-on le pluriel dans les noms?

Maintenant que vous connaissez les genres et les nombres, vous allez recommencer le deuxième exercice du sixième entretien, et au lieu d'écrire les noms seuls, vous les ferez précéder chacun d'un des mots *le, la, les, des, un, une,* selon que ces noms seront au singulier, ou au pluriel, au masculin ou au féminin.

Les mots *le, un,* indiquent le genre masculin et le nombre singulier; *la, une,* indiquent le féminin et le singulier; *les, des,* indiquent les deux genres et le nombre pluriel.

Pour me prouver que vous avez bien compris l'explication que je viens de vous faire, vous me marquerez le genre et le nombre de chaque nom en le faisant suivre de deux des lettres *s, p, m, f,* initiales des mots *singulier, pluriel, masculin, féminin*.

### 1er EXERCICE.

La classe, f. s.; le maître, m. s.; les tables, f. p.; des

bancs, m. p. ; une chaise, f. s. ; un mètre, m. s., etc.

2ᵉ, 3ᵉ et 4ᵉ EXERCICES,

Recommencez les 1ᵉʳ, 2ᵉ et 3ᵉ exercices du 7ᶜ entretien de la même manière que le précédent.

## 11ᶜ ENTRETIEN.

*Observations sur quelques* Noms *qui ne suivent pas la règle générale dans la formation du pluriel.*

59. Les *noms* terminés au singulier par une des lettres *s*, *z*, *x*, ne changent pas au pluriel :

Sing. *Le puits, le bras, le palais, la croix, la voix.*

Plur. *Les puits, les bras, les palais, les croix, les voix.*

60. Pour marquer le nombre pluriel dans les *noms* terminés au singulier par *au, eau, eu,* on ajoute un *x* à la fin :

Sing. *Le tuyau, le ruisseau, le jeu, le milieu.*

Plur. *Les tuyaux, les ruisseaux, les jeux, les milieux.*

61. Parmi les noms terminés au singulier par *ou*, il y en a sept seulement qui demandent un *x* au pluriel ; ce sont :

Sing. *Pou, chou, genou, bijou, hibou, joujou, caillou.*

Plur. *Poux, choux, genoux, bijoux, hiboux, joujoux, cailloux.*

Les autres mots terminés par *ou* au singulier

suivent la règle générale; ils prennent un *s* au pluriel.

62. Dans les noms terminés au singulier, soit par *al*, soit par *ail*, il y en a qui font leur pluriel en changeant *al*, *ail* en *aux* et d'autres qui prennent un *s* à la fin.

Sing. *Le mal, le général, le caporal, le maréchal.*

Plur. *Les maux, les généraux, les caporaux, les maréchaux.*

Sing. *Le bal, le régal, le carnaval, le pal.*

Plur. *Les bals, les régals, les carnavals, les pals.*

Sing. *Le bail, l'émail, le travail, le soupirail.*

Plur. *Les baux, les émaux, les travaux, les soupiraux.*

Sing. *Le détail, le portail, le gouvernail, l'épouvantail.*

Plur. *Les détails, les portails, les gouvernails, les épouvantails.*

Il n'existe point de règle qui fasse connaître les noms qu'on doit écrire au pluriel par *aux* ou par *als*, ou par *ails*; la pratique du langage est le seul guide à cet égard; c'est à notre oreille à sentir quelle est la finale qui convient le mieux.

---

*Questions.* 59. Comment marque-t-on le pluriel dans les noms terminés au singulier par *s*, ou par *z*, ou par *x*? 60. Comment marque-t-on le pluriel dans les noms terminés par *au, eau, eu*? 61. Par *ou*? 62. Par *al* ou par *ail*?

## EXERCICE.

**Ecrivez** des mots terminés au singulier par une des consonnes *s, z, x*, ou par un des sons *au, eau, eu, ou*, ou par *al, ail*; écrivez-les d'abord au singulier et ensuite au pluriel. Faites précéder chaque nom d'un des mots *le, la, les, un, une, des*, selon le genre et le nombre.

F. s., *la croix;* f. p., *les croix;* m. s., *le fils;* m. p., *les fils*, etc.

## OBSERVATIONS.

*Travail* prend un *s* au pluriel lorsqu'il s'agit de comptes présentés ou rendus par un chef d'administration, et quand ce mot exprime des machines en bois dont se servent les maréchaux pour ferrer ou panser les chevaux vicieux.

*Ail* fait au pluriel *aulx* et *ails*.

*Bétail* n'a pas de pluriel, et *bestiaux*, qui a la même signification, n'a pas de singulier. Ces deux noms désignent également les animaux domestiques **(1)** appartenant à une exploitation agricole. *Aïeul* fait *aïeux* lorsqu'on parle des ancêtres en général, et *aïeuls* avec un *s* lorsqu'on parle seulement du grand-père paternel et du grand-père maternel.

*Mes aïeuls me parlent souvent de mes aïeux.*

*Ciel* fait au pluriel *cieux*, lorsqu'il nomme la voûte céleste :

*Notre Père, qui êtes aux cieux.*

Il fait *ciels* avec un *s* lorsqu'il s'agit de tableaux, de contrées, de dessus de lits :

*Ce peintre peint bien les ciels. Des ciels de lits. L'Italie, la France et l'Espagne sont sous de beaux ciels.*

*Œil* fait au pluriel *yeux*, en parlant des organes de la vue. On dit *œils* lorsqu'il est question soit de fenêtres rondes, soit de petites lanternes ayant un verre rond, soit de petits cercles qu'on voit à la surface du bouillon gras, soit de petits trous

---

(1) On appelle *animaux domestiques* ceux qui vivent dans les maisons à l'état privé, par opposition à ceux qui vivent à l'état sauvage.

qu'on remarque dans le pain et le fromage de Gruyère. On dit donc :

*Des œils de bœuf, des œils de la soupe, du fromage.*

## 12ᵉ ENTRETIEN.

DE L'ARTICLE (1). — IIᵒ PARTIE DU DISCOURS.

63. *L'article* est un petit mot d'une syllabe qui précède toujours les noms et qui en fait connaître le genre et le nombre.

64. Il y a deux espèces d'*articles* : Les articles simples et les articles composés.

65. Les *articles simples* sont : *le* pour le masculin et le singulier, *la* pour le féminin et le singulier, *les* pour les deux genres et le pluriel. Les articles *le, la, les* précèdent toujours les noms pour en déterminer la signification et l'étendue; ils indiquent aussi que l'idée énoncée est la même pour tous les individus de la même classe.

*Le village, la rivière, les hommes, les maisons.*

L'article simple *le* nous apprend que le nom village est du genre masculin et au nombre pluriel, et que ce mot s'appli-

---

(1) J'avais supprimé cette dénomination et classé cette espèce de mot parmi les adjectifs déterminatifs, parce que ce mot *article* ne s'explique pas et que sa signification est extrêmement vague; et que d'ailleurs, *le, la, les* étant **toujours adjoints** aux noms et *déterminant* toujours le genre et le nombre, leur rôle est, à peu de chose près, le même que celui des déterminatifs, *mon, ton, ma, cet, ces,* etc. Mais un haut fonctionnaire de l'Université consulté à ce sujet, n'ayant pas été de mon avis, je suis obligé d'adopter son opinion qui doit faire autorité en pareille matière.

que à toutes les agglomérations de maisons qu'on appelle *villages*. (Expliquer ainsi *la* et *les*.)

66. Les *articles composés* sont *du, des, au, aux*. Leur rôle est le même que celui des articles simples.

On les appelle *composés* parce qu'ils renferment chacun deux mots; on dit et on écrit :

Singulier. { *Du* pour *de le*.
{ *Au* pour *à le*.

Pluriel. { *Des* pour *de les*.
{ *Aux* pour *à les*.

On emploie *du* pour *de le*, *au* pour *à le*, quand le mot qui suit immédiatement commence par une consonne ou un *h* aspiré.

La chaleur DU soleil. Le chemin DU hameau.

Dans tous les cas, *des* est employé pour *de les* et *aux* pour *à les*.

On retranche *e* dans *le* et *a* dans *la* quand le mot suivant commence par une voyelle ou un *h* muet. On dira donc :

*L'écolier, l'école, l'homme, l'honnêteté*, au lieu de :
*Le écolier, la école, le homme, la honnêteté*.

---

*Questions.* 63. Qu'est-ce que l'article ? 64. Combien y a-t-il d'espèces d'articles ? 65. Quels sont les articles simples ? 66. Quels sont les articles composés ?

### 1er EXERCICE.

Ecrivez le nom de toutes les choses que vous voyez dans un marché, et faites-les précéder chacun d'un des articles *le, la, les, du, des, au, aux*.

### 2e EXERCICE.

Ecrivez de même le nom de tous les objets qui se trouvent dans une boutique de....

## 13ᵉ ENTRETIEN.

De l'Adjectif. — IIIᵉ Partie du discours.

67. Les *adjectifs* sont des mots qu'on ajoute aux *noms* pour en déterminer ou en modifier la signification. Ils sont toujours du même genre et au même nombre que les noms auxquels ils sont joints.

68. On partage les adjectifs en deux classes : les déterminatifs et les qualificatifs.

69. Il y a quatre espèces d'adjectifs déterminatifs : 1° Les numériques ; 2° les démonstratifs ; 3° les possessifs ; 4° les indéfinis.

70. Les adjectifs *numériques* servent à indiquer d'une manière précise le nombre des personnes ou des choses dont on parle.

*Un, deux, trois, quatre, cinq, six, sept hommes ; huit, neuf, dix, vingt, trente, cent francs.*

Ces adjectifs numériques sont aussi appelés *cardinaux*, c'est-à-dire *principaux* parce qu'il sont la base des *ordinaux* qui marquent le *rang*, l'*ordre* que les personnes ou les choses occupent, les unes par rapport aux autres :

*Le premier, le second ou deuxième, le troisième, le quatrième, le dixième, le vingtième, le centième.*

71. Les adjectifs *démonstratifs* servent à déterminer les objets dont on parle en même temps qu'on les montre du doigt ou du geste, ou qu'on en rappelle le souvenir. Ce sont :

*Ce, cet, cette, ces.*

*Donnez-moi* CE *livre.* CETTE *personne dont vous m'avez parlé, où est-elle maintenant?*

**72.** Les adjectifs *possessifs* sont ceux qui déterminent les objets dont on parle tout en exprimant une idée de possession.

*Mon, ton, son, ma, ta, sa, notre, votre, leur, mes, tes, ses, nos, vos, leurs.*

Si je dis : *mon chapeau*, l'adjectif *mon* fait distinguer ce *chapeau* de tous les autres par le rapport de possession qui existe entre cet objet et moi. (Même explication pour les autres adjectifs possessifs.

**73.** Les adjectifs *indéfinis* indiquent un certain nombre qu'on ne précise pas, pris dans un autre nombre indéterminé : *Quelques, plusieurs, maint, certain, tel, nul, des, toute, chaque,* etc.

Quelque, quelques, signifient *un, une, plusieurs* personnes ou plusieurs choses prises dans un plus grand nombre.

*J'irai vous voir quelque jour, je resterai avec vous quelques jours.*

C'est comme si je disais :

*J'irai vous voir un certain jour que je ne désigne pas, et je resterai avec vous un nombre de jours que je ne précise pas.* (Expliquer ainsi les autres.)

---

*Questions.* 67. Qu'est-ce que les adjectifs ? 68. En combien de classes partage-t-on les adjectifs ? 69. Combien y a-t-il d'espèces d'adjectifs déterminatifs ? 70. A quoi servent les adjectifs numériques ? Quels sont-ils ? 71. A quoi servent les démonstratifs ? Quels sont-ils ? 72. Quels sont les possessifs ? A quoi servent-ils ? 73. A quoi servent les indéfinis ? Quels sont-ils ?

## 1er EXERCICE.

Ecrivez le nom de toutes les choses que vous pourriez voir dans un jardin, et faites-les précéder chacun d'un des adjectifs déterminatifs que vous connaissez; tâchez d'employer les quatre espèces.

## 2e EXERCICE.

Ecrivez de la même manière le nom de tous les objets que vous pourriez voir dans une église.

## 14e ENTRETIEN.

### DES ADJECTIFS QUALIFICATIFS.

74. Les adjectifs *qualificatifs* sont des mots qui expriment la qualité, bonne ou mauvaise, des noms auxquels ils se rapportent, ou qui en indiquent la manière d'être :

*La grande chambre. Une bonne plume. L'écolier studieux. L'enfant sage, obéissant, raisonnable.*

Les mots *grande, bonne, studieux, sage, obéissant, raisonnable*, sont des adjectifs qualificatifs, parce qu'ils qualifient les noms *chambre, plume, écolier, enfant*, auxquels ils sont joints.

Si nous disions simplement : *la chambre*, nous nous représenterions seulement un espace compris entre quatre murs sans avoir aucune idée de ses dimensions; mais en disant : *la grande chambre*, nous imaginons un espace d'une certaine étendue : donc ce mot *grande* exprime une qualité particulière de la *chambre*, qualité qui ne serait pas comprise sans le secours du mot *grande*. (Expliquer ainsi *une bonne plume, un écolier studieux*, etc.)

Tous les *noms* peuvent être considérés sous plusieurs rapports, et chaque rapport nous découvre des qualités qui leur sont propres. Exemple : Si une *table* est considérée sous le rapport de la forme, on voit qu'elle est *ronde* ou *carrée, rectangulaire* ou *ovale* ; sous le rapport des dimensions, elle est *longue* ou *courte*, *large* ou *étroite*, *haute* ou *basse*; sous le rapport de l'aspect, on voit si elle est *belle* ou *laide*, *luisante* ou *terne*, *neuve* ou *vieille*, *noire* ou *blanche*, etc. Les mots *ronde*, *carrée*, *rectangulaire*, *ovale*, *longue*, *courte*, *large*, *étroite*, *haute*, *basse*, *belle*, *laide*, *luisante*, *terne*, *neuve*, *vieille*, *noire*, *blanche*, sont autant d'adjectifs qualifiant le nom *table*.

Voyons, A... citez un nom, considérez l'objet qu'il représente sous tous ses rapports, et faites-nous connaître les qualités qui le distinguent. Et vous, B..., et vous, C..., et vous, D...

---

*Questions.* 74. Qu'est-ce que les adjectifs qualificatifs? Citez-en? Citez un nom avec un adjectif déterminatif et un qualificatif? (En faire citer à chaque élève).

Quel est l'adjectif déterminatif, le nom, l'adjectif qualificatif dans ces mots : *Une règle droite, ton cahier décousu?*... etc.

### 1ᵉʳ EXERCICE.

Joignez aux noms suivants les articles, ou les adjectifs déterminatifs et les qualificatifs qui pourront leur convenir.

... *homme*, ... *femme*, ... *enfants*, ... *jardins*, ... *maison*, ... *tables*, ... *cuisine*, ... *salon*, ... *escalier*, ... *cave*, ... *grenier*, ... *murs*, ... *fenêtres*, ... *cloisons*, ... *portes*, ... *cheminée*, etc.

### 2ᵉ EXERCICE.

Supposez que vous êtes dans une plaine fertile, au mois d'août ; écrivez le nom de tous les objets qui pourraient s'offrir à votre vue, et faites-les précéder et suivre des déterminatifs et des qualificatifs qui leur conviennent.

## 15ᵉ ENTRETIEN.

**Des Genres et des Nombres dans les Adjectifs.**

75. Les adjectifs sont toujours du même genre et au même nombre que les noms auxquels ils sont joints.

*Un homme savant. Des enfants instruits. Une femme savante. Des demoiselles instruites.*

*Un* est du genre masculin et au nombre singulier parce qu'il se rapporte à *homme*. *Savant* est du genre masculin et au nombre singulier, parce qu'il qualifie *homme*. *Des* est du masculin et au pluriel, parce qu'il se rapporte à *enfants*. *Instruits* est du masculin et au pluriel, parce qu'il qualifie *enfants*. *Une* est au féminin, parce que, etc.

76. On peut donc dire : règle générale, l'adjectif s'accorde toujours en genre et en nombre avec le *nom* qu'il qualifie ou auquel il se rapporte.

L'adjectif n'est pas toujours joint immédiatement au nom qu'il qualifie, et, dans ce cas, il faut chercher ce nom pour faire accorder l'adjectif. On le trouve en faisant la question : Qui est ? appliquée à l'adjectif. Exemple :

*Édouard semble impatient de vengeance et altéré du sang généreux qui va couler; fidèle à sa décision, il ordonne qu'on tranche la tête aux six bourgeois de Calais.*

Qui est impatient? Édouard. Qui est altéré? Édouard. Qui est fidèle? Édouard. Les trois adjectifs *impatient, altéré, fidèle*, se rapportant à *Édouard*, sont du même genre et au même nombre que ce nom, c'est-à-dire du masculin et au singulier.

**De la formation du féminin dans les Adjectifs qualificatifs.**

77. Lorsqu'un adjectif du genre masculin est terminé par un *e* muet, il s'écrit de même au féminin :

Masc. *Un homme sage, raisonnable, fidèle,*
Fém. *Une femme sage, raisonnable, fidèle,*

78. La règle la plus générale est celle-ci : lorsque l'adjectif au masculin n'est pas terminé par un *e* muet, on en ajoute un pour former le féminin :

Masc. *Un garçon patient, prudent, grand, honoré, chéri.*

Fém. *Une fille patiente, prudente, grande, honorée, chérie.*

---

*Questions.* 75. De quel genre et à quel nombre sont les adjectifs ? 76. Comment s'accorde l'adjectif ? 77. Comment forme-t-on le féminin dans les adjectifs terminés par un *e* muet ? 78. Comment forme-t-on le féminin dans les adjectifs qui ne sont pas terminés par un *e* muet ?

### 1er EXERCICE.

Ecrivez des noms auxquels vous joindrez des adjectifs déterminatifs et des qualificatifs ; vous les ferez précéder de deux des lettres *m., f., s., p.,* dont vous connaissez la signification.

Ex. : m. s. *un livre neuf;* m. p. *des livres neufs;* f. s. *la règle droite;* f. p. *les règles droites.* Ainsi de suite. (On pourra limiter le nombre des noms à écrire.)

### 2e EXERCICE. Analyse grammaticale.

Analysez la phrase suivante : *Le président du tribunal civil.*

Tous les mots dont on se sert, soit pour parler, soit pour écrire, étant classés en neuf espèces, l'analyse grammaticale consiste à indiquer à laquelle de ces espèces appartient chaque mot d'une phrase, d'un discours, et à en faire connaître le genre, le nombre et le rôle. Ainsi, pour l'exemple ci-dessus nous dirons :

*Mots à analyser.*                                                  *Mots relatifs.*

    Le     Article simple, masculin singulier, déterminant le genre et le nombre de.. Président.

Président Nom commun, masculin singulier, déterminé par l'article ............ le.

    du     Article composé, masculin singulier, déterminant le genre et le nombre de tribunal.

tribunal. Nom commun, masculin singulier. déterminé par l'article ............ du.
            et qualifié par l'adjectif .......... civil.

    civil.     Adjectif qualificatif, masculin singulier, qualifiant le nom ........... tribunal.

QUESTIONS. Pourquoi *le* est-il article? Pourquoi *président* est-il nom? Pourquoi masculin? Pourquoi singulier? Pourquoi *du* est il article composé? Pourquoi *tribunal* est-il un nom? Pourquoi masculin? Pourquoi singulier? Pourquoi *civil* est-il adjectif? Pourquoi qualificatif? Pourquoi masculin? Pourquoi singulier? Pourquoi *tribunal* est-il un nom? Pourquoi commun? Pourquoi masculin? Pourquoi singulier? Pourquoi *civil* est-il adjectif? Pourquoi qualificatif? Pourquoi masculin? Pourquoi singulier?

(Faire de semblables questions à chaque exercice d'analyse.)

### 3e EXERCICE.

Analysez les phrases suivantes : *Le préfet du département. La grande table du maître. Le pupitre du moniteur général. Les vénérables curés des villages voisins.*

### 4e EXERCICE. Composition.

On peut ici commencer à faire écrire sous la dictée quelques phrases simples, formées en grande partie de *noms*, d'*articles* et d'*adjectifs*, et faire souligner les mots connus.

Après avoir corrigé les dictées et compté le nombre de fautes de chacun, on classera les élèves, et on leur donnera un numéro d'ordre qu'ils conserveront jusqu'à la prochaine composition.

## 16ᵉ ENTRETIEN.

##### DE LA FORMATION IRRÉGULIÈRE DU FÉMININ DANS LES ADJECTIFS.

79. Il y a de nombreuses exceptions aux règles que nous avons données sur la formation du féminin dans les adjectifs qualificatifs.

80. 1ʳᵉ *Exception.* Les adjectifs terminés au singulier masculin par *eur* forment leur féminin : 1° les uns en changeant *eur* en *euse* ; 2° les autres en changeant *eur* en *rice* ; 3° enfin d'autres par l'addition d'un *e muet.*

1ᵉʳ *Exemple*: MASC. *Danseur, trompeur, voleur, sauteur.*

FÉM. *Danseuse, trompeuse, voleuse, sauteuse.*

2ᵉ *Ex.*: MASC. *Accusateur, conducteur, créateur, protecteur.*

FÉM. *Accusatrice, conductrice, créatrice, protectrice.*

3ᵉ *Ex.* : MASC. *Intérieur, extérieur, antérieur, meilleur.*

FÉM. *Intérieure, extérieure, antérieure, meilleure.*

81. Il y a d'autres adjectifs terminés par *eur* au masculin qui font leur féminin en *eresse.* Exemple :

| Masculin. | Féminin. |
|---|---|
| *Bailleur,* | *Bailleresse.* |

| | | |
|---|---|---|
| Chasseur, | Chasseresse (poétique). | |
| Demandeur, | Demanderesse, | en justice. |
| Défendeur, | Défenderesse, | |
| Pécheur, | Pécheresse. | |
| Vengeur, | Vengeresse. | |

Tous ces adjectifs sont plus souvent employés comme *noms* que comme *adjectifs*.

82. 2$^e$ *Exception*. Dans les adjectifs terminés au masculin par *c*, il y en a qui, dans la formation du féminin, changent le *c* en *que*, et d'autres en *che*.

Masc. *Un lieu public, un homme caduc, un chapeau blanc, un homme franc, du foin sec.*

Fém. *Une place publique, une femme caduque, une casquette blanche, une femme franche, de l'herbe sèche.*

L'adjectif *grec* fait au féminin *grecque*.

83. 3$^e$ *Exception*. Dans les adjectifs terminés au masculin par *f*, on change cette lettre en *ve* au féminin.

Masc. *Un homme veuf, un petit garçon vif, un son bref.*

Fém. *Une femme veuve, une petite fille vive, une voyelle brève.*

84. 4$^e$ *Exception*. Dans les adjectifs terminés au masculin par *x*, on change cette lettre en *se* au féminin.

Masc. *Un homme honteux, jaloux, malheureux, peureux.*

Fém. *Une femme honteuse, jalouse, malheureuse, peureuse.*

Il y a encore une exception à cette règle exceptionnelle, car *doux, roux, faux,* font au féminin *douce, rousse, fausse.*

85. 5ᵉ *Exception.* Pour former le féminin dans les adjectifs terminés comme dans le tableau suivant, on double la consonne et l'on y ajoute un *e* muet.

| Terminaisons. | Masculin. | Féminin. |
|---|---|---|
| as | gras | grasse. |
| el | cruel | cruelle. |
| eil | vermeil | vermeille. |
| et | violet | violette. |
| il | gentil | gentille. |
| ien | ancien | ancienne. |
| yen | moyen | moyenne. |
| ol | mol | molle. |
| on | bon | bonne. |
| os | gros | grosse. |
| ot | sot | sotte. |
| ul | nul | nulle. |

86. 6ᵉ *Exception.* Les adjectifs *complet, concret, discret, inquiet, replet, secret* font leur féminin en prenant tout à la fois un *e* muet et un accent

grave sur l'*e* qui précède le *t*, ce qui fait *complète*, *concrète*, etc.

**87.** 7ᵉ *Exception*. Les adjectifs *beau, nouveau, fou, mou, vieux*, n'ont pas de féminin ; mais on se sert de *belle, nouvelle, folle molle, vieille*, féminin, de *bel, nouvel, fol, mol, vieil*, qui s'emploient devant un mot commençant par une voyelle ou un *h* muet.

**88.** 8ᵉ *Exception*. Il y a d'autres adjectifs qui forment leur féminin d'une manière si irrégulière qu'il n'est pas possible de les ranger par catégories.

| Masculin. | Féminin. |
|---|---|
| Absous. | Absoute. |
| Dissous. | Dissoute. |
| Bénin | Bénigne. |
| Malin | Maligne. |
| Coi | Coite (inusité). |
| Frais | Fraîche. |
| Favori | Favorite. |
| Jumeau | Jumelle. |
| Long | Longue. |

**89.** 9ᵉ *Exception*. Les adjectifs *châtain*, *fat*, *imposteur, rosat, agresseur*, ne s'emploient pas au féminin.

### FORMATION DU PLURIEL DANS LES ADJECTIFS QUALIFICATIFS

**90.** Pour former le pluriel dans les *adjectifs* on

observe les mêmes règles que pour les noms. (Voyez nos 58 à 62.)

*Questions.* 79. Y a-t-il des exceptions aux règles que nous avons données sur la formation du féminin dans les adjectifs? 80. Comment forme-t-on le féminin dans les adjectifs terminés au masculin par *eur* ? 81. N'y a-t-il pas d'autres adjectifs en *eur* qui ne suivent pas ces règles ? 82. Comment forme-t-on le féminin dans les adjectifs terminés au masculin par *c* ? 83. Ceux terminés par *f.* ? 84. Par *x*? 85. Comment forme-t-on le féminin dans les adjectifs terminés par *as, el, eil, et, il,* etc. ? 86. Comment forme-t-on le féminin des adjectifs *concret, complet,* etc.? 87. Quel est le féminin des adjectifs *beau, nouveau, fou,* etc.? 88. Comment font au féminin *absous, dissous,* etc.? 89. Les adjectifs *châtain, fat, imposteur,* etc., s'emploient-ils au féminin ? 90. Comment marque-t-on le pluriel dans les adjectifs ?

### 1er EXERCICE.

Ecrivez les adjectifs suivants, et mettez-les au féminin immédiatement après. (Il sera bon d'en faire connaître la signification.)

*Danseur... voleur... accusateur... protecteur... intérieur... bailleur... défendeur... pécheur... pêcheur... veuf... vif... public... blanc... caduc... grec... honteux... heureux... roux... faux... vieux... doux...*

*gras... cruel... vermeil... violet... gentil... ancien... gros... sot... nul... complet... beau... nouveau... fou... absous... frais... long... bénin... favori...*

### 2ᵉ EXERCICE.

Ajoutez aux adjectifs qualificatifs suivants des articles ou des adjectifs déterminatifs et des noms.

*Trompeur... voleuse... caduque... accusateur... supérieure... francs... majeurs... veuf... vifs... bref... publics... sec... honteux... jalouses... doux... rousses... vieux... fausse... gras... gros... vermeille.. gentils... ancienne... molle... sottes... complets... discrète... secrets... beau... bel... nouvelle... fol... absous... absoute... frais.. longue... bénin... maligne... etc.*

### 3ᵉ EXERCICE.

Analysez les phrases suivantes : *La voix intérieure du jeune homme. Le droit public des Français. Cet homme veuf, aux cheveux gris.*

## 17ᵉ ENTRETIEN.

Du Pronom. — IVᵉ Partie du Discours.

**91.** Le *pronom* est un mot qui tient la place du *nom* pour en éviter la répétition.

Exemple : *Que le Seigneur soit avec* vous, lui *dis-*je, *et que les prières que* nous lui *avons adressées* vous *portent bonheur.*

Les mots *vous, lui, je, nous, lui, vous,* sont autant de pronoms qui tiennent la place de plusieurs noms qu'on ne pourrait énoncer sans rendre la phrase moins rapide, moins harmonieuse.

Lorsqu'une personne parle à une autre, elle ne peut pas désigner celle-ci par son nom, ni se nommer elle-même ; et ces deux personnes conversant ensemble ne peuvent pas toujours employer le nom de la personne ou celui de la chose en question, sans donner lieu à des répétitions insupportables.

Exemple : Je rencontre le père d'Edouard et je lui dis :

*Edouard n'a pas su sa leçon aujourd'hui ; il paraît qu'*IL *ne* L'*a pas apprise chez vous ; je vous prierai, Monsieur, d'avoir la complaisance de veiller à ce qu'*IL L'*apprenne ce soir afin qu'*IL *me* L'*a récite demain.*

Si dans cette phrase j'avais employé les deux noms *Edouard* et *leçon* au lieu de *il* et *l'* ou *la*, j'aurais été obligé de dire : *Édouard n'a pas su sa leçon ; il paraît qu'Édouard n'a pas appris sa leçon chez vous ; je vous prierai, Monsieur, d'avoir la complaisance de veiller à ce qu'Édouard apprenne sa leçon ce soir, afin qu'Édouard me récite sa leçon demain.*

Vous le voyez, les mots *Édouard* et *leçon* se trouvent répétés chacun quatre fois, ce qui donne à toute la phrase une prononciation très peu euphonique. Et si au lieu des pronoms *je, vous, me*, désignant la personne qui parle et celle à qui l'on parle, j'avais employé le nom de ces personnes, la phrase serait devenue tout-à-fait inintelligible.

92. On distingue six espèces de pronoms :

1° Les pronoms personnels ; 2° les pronoms possessifs ; 3° les pronoms relatifs ; 4° les pronoms interrogatifs ; 5° les pronoms démonstratifs ; 6° les pronoms indéfinis.

93. Les *pronoms personnels* sont ceux qui désignent plus particulièrement les personnes et les choses.

94. On appelle *personne* le rôle que ces pronoms jouent dans le discours.

95. Il y a trois personnes.

La première est celle qui parle, et ses pronoms

sont : *je, me, moi*, pour le singulier et les deux genres ; *nous* pour le pluriel et les deux genres.

La deuxième personne est celle à qui l'on parle, et ses pronoms sont : *tu, te, toi*, pour le singulier et les deux genres ; *vous* pour le pluriel et les deux genres.

La troisième personne est la personne ou la chose dont on parle, et ses pronoms sont :

Pour le masculin singulier, *il, lui, le ;*
Pour le féminin singulier, *elle, lui, la ;*
Pour le masculin pluriel, *ils, eux, les, leur ;*
Pour le féminin pluriel, *elles, les, leur ;*
Pour les deux genres et les deux nombres, *se, soi.*

96. Les *pronoms possessifs* font connaître la possession et le possesseur de l'objet dont on parle. Le possesseur est toujours de première, ou de deuxième, ou de troisième personne ; Ex.

*Mon fils a fait son devoir, mais Paul n'a pas fait* LE SIEN. (Sous-entendu devoir).

Voici tous les pronoms possessifs :

| SING MASC. | SING. FÉM. | PLUR. MASC. | PLUR. FÉM. |
|---|---|---|---|
| Le mien, | La mienne, | Les miens, | Les miennes. |
| Le tien, | La tienne, | Les tiens, | Les tiennes. |
| Le sien, | La sienne, | Les siens, | Les siennes. |
| Le nôtre, | La nôtre, | Les nôtres. | Les nôtres. |
| Le vôtre, | La vôtre, | Les vôtres, | Les vôtres. |
| Le leur, | La leur, | Les leurs, | Les leurs. |

Remarquez que les *pronoms possessifs* sont en même temps *pronoms personnels*, car *le mien* vous donne l'idée d'un objet qui est à *moi*, première personne du singulier ; *le tien*, l'objet qui est à *toi*, deuxième personne du singulier ; *le sien*, l'objet qui est à *lui*, troisième personne du singulier, etc.

97. Les *pronoms relatifs* sont ceux qui ont un rapport direct avec un nom ou un pronom exprimé auparavant.

*Qui, que, quoi, dont, lequel, laquelle, auquel, en, y*, sont des pronoms relatifs.

*C'est Dieu qui fit le monde. Qui*, se rapportant à *Dieu*, est un pronom relatif.

*Celui qui récite bien ses leçons est récompensé. Qui*, se rapportant à *celui*, est un pronom relatif.

98. Le *nom* ou le *pronom* auquel se rapporte le *pronom relatif* s'appelle *antécédent*. Dans les phrases ci-dessus. *Dieu* et *celui* sont les antécédents des pronoms *qui, qui*.

99. Le pronom relatif est toujours du même genre et du même nombre que son antécédent.

*La leçon que j'ai récitée.*

Le pronom relatif *que* est du féminin et au singulier, parce que son antécédent *leçon* est du féminin et au singulier.

Les pronoms relatifs *qui, que, quoi, dont, en, y*, ne changent point de forme ; tandis que *lequel, laquelle, lesquels, lesquelles, auquel, auxquels*, varient selon le genre et le nombre.

100. Les *pronoms interrogatifs* sont, à peu d'ex-

ceptions près, les mêmes que les pronoms relatifs ; mais ceux-ci se rapportent toujours à un nom ou à un pronom exprimé, et ceux-là ne se rapportent qu'à un nom sous-entendu.

*Qui, que, quoi, lequel, laquelle*, sont des pronoms interrogatifs. *Qui vous a permis de sortir ? Que faites-vous là ? A quoi pensez-vous ?*

**101.** Les *pronoms démonstratifs* sont ceux dont on se sert pour indiquer, pour montrer les objets dont on parle.

*Ce, ceci, cela*, des deux genres et des deux nombres.

*Celui, celui-ci, celui-là*, masculin singulier.

*Ceux, ceux-ci, ceux-là*, masculin pluriel.

*Celle, celle-ci, celle-là*, féminin singulier.

*Celles, celles-ci, celles-là*, féminin pluriel.

On emploie *ceci, celui-ci, celle-ci, ceux-ci, celles-ci*, pour montrer les objets les plus rapprochés de la personne qui parle, ou pour rappeler des objets dont on a parlé en dernier lieu.

On emploie *cela, celui-là, celle-là, ceux-là, celles-là*, pour montrer des objets plus éloignés, ou pour rappeler des objets dont on a parlé en premier lieu.

Exemple : *De ces deux livres vous aimez mieux celui-ci ; moi, je préfère celui-là. Charlemagne a régné mille ans avant Napoléon ; celui-ci régnait en l'an 1800, celui-là en 800.*

**102.** Les *pronoms indéfinis* sont ceux qui désignent une personne ou une chose d'une manière vague et indéterminée, comme :

*On, quelqu'un, chacun, autrui, personne, quiconque, plusieurs, nul, l'un, l'autre,* etc.

On emploie ces pronoms lorsqu'on ne veut pas ou qu'on ne peut pas nommer les personnes ou les choses dont ils tiennent la place. Si je dis : *On frappe à la porte ; quelqu'un viendra me voir ;* ne connaissant pas la personne qui frappe, ni celle qui viendra, je suis obligé d'employer un mot qui désigne cette personne sans la nommer.

---

*Questions.* 91. Qu'est-ce que le pronom ? 92. Combien y a-t-il d'espèces de pronoms ? 93. Qu'est-ce que les pronoms personnels ? 94. Qu'appelle-t-on personne ? 95. Combien y a-t-il de personnes ? Quels sont les pronoms de la première personne ? De la deuxième ? De la troisième ? 96. Qu'est-ce que les pronoms possessifs ? 97. Qu'est-ce que les pronoms relatifs ? 98. Qu'appelle-t-on antécédent ? 99. De quel genre et de quel nombre sont les pronoms relatifs ? 100. Qu'est-ce que les pronoms interrogatifs ? 101. Qu'est-ce que les pronoms démonstratifs ? 102. Qu'est-ce que les pronoms indéfinis ?

Vous ne pouvez pas ici, comme à la fin des autres *entretiens*, faire un exercice écrit, attendu qu'on ne peut employer le *pronom* qu'avec le *verbe,* espèce de mot que vous ne connaissez pas encore. Vous allez faire une lecture ; chacun de vous lira une ou plusieurs phrases, après quoi il reprendra un à un tous les pronoms qu'il aura lus.

### 1er EXERCICE.

Lecture et désignation des pronoms.

## 2e EXERCICE.

Ecrivez l'Oraison Dominicale et la Salutation Angélique, et soulignez les pronoms que vous y trouverez.

## 3e EXERCICE.

Analysez les phrases suivantes : *Une horloge sonnante. Le pain bénit. L'eau bénite. La belle église.*

# 18ᵉ ENTRETIEN.

### Du Verbe. — Vᵉ Partie du Discours.

Les objets désignés par les noms existent et **sont dans** un état, dans une situation quelconque, ou sont en possession de quelque chose, ou agissent d'une certaine manière, soit par eux-mêmes, soit mus par une force étrangère.

**103.** Les mots qui expriment l'existence simple ou modifiée, la possession, l'action, sont des verbes.

**104.** Verbes exprimant l'existence simple :
*Je* suis *celui qui* est.

**105.** Verbes exprimant l'existence modifiée :
*Il* était *pauvre. Vous* êtes *honnête.*

**106.** Verbes exprimant la possession :
*J'*ai *faim. Vous* avez *raison, il* a *tort.*

**107.** Verbes exprimant l'action :
*Je* marche. *Nous* chanterons. *Ils* écrivaient.

Vous voyez qu'il y a trois sortes de verbes : 1º le verbe qui exprime simplement l'existence, comme *je* suis, ou avec modification, comme *je* suis *pauvre*; 2º Le verbe qui exprime la possession d'une personne ou d'une chose, comme j'ai un frère, j'avais un livre ; 3º les verbes qui expriment des actions, comme j'ai travaillé, j'écris, tu dors.

*Questions.* 103. Comment nomme-t-on les mots qui expriment l'existence, la possession, l'action ? Qu'est-ce que le verbe ? 104. Citez un verbe qui exprime l'existence simple ? 105. L'existence modifiée ? 106. Citez un verbe qui exprime la possession ? 107. Citez un verbe qui exprime l'action.

### EXERCICE.

Lecture et désignation des mots verbes. (Chaque élève lira une ou plusieurs phrases, et indiquera, en les répétant, tous les verbes qui se trouveront dans ce qu'il aura lu.)

## 19ᵉ ENTRETIEN.

108. Dans les verbes on considère le sujet, la personne, le nombre, le temps et le mode.

#### DU SUJET.

109. On appelle sujet d'un verbe le nom ou le pronom qui désigne la personne ou la chose qui est, qui possède ou qui fait une action quelconque. Ex. Je *suis*. Vous *avez*. Il *marche*. Paul *récite sa leçon. Je, vous, il, Paul*, sont sujets des verbes *suis, avez, marche, récite*.

#### DE LA PERSONNE.

110. Dans toute conversation, une personne parle à une autre personne de quelqu'un ou de quelque chose ; celle qui parle est la première, celle à qui

l'on parle la deuxième, et la personne ou la chose dont on parle est la troisième. D'où il suit que le sujet du verbe est de première, deuxième ou troisième personne. En conséquence, le verbe est toujours de la même personne que son sujet.

### DU NOMBRE.

**111.** Comme il peut y avoir une ou plusieurs personnes, ou une ou plusieurs choses qui *existent*, qui *possèdent* ou qui *agissent*, il y a deux nombres dans les verbes, le singulier et le pluriel. Le verbe doit être au singulier quand son sujet est au singulier. Le verbe doit être au pluriel quand son sujet est au pluriel. C'est pourquoi, règle générale, le verbe s'accorde en personne et en nombre avec son sujet.

### DU TEMPS.

**112.** On nomme temps l'époque, le moment de l'existence, de la possession, de l'action exprimées par le verbe. On divise le temps en trois époques : le *présent*, le *passé* et l'*avenir* ou *futur*.

**113.** Le présent indique que le sujet est, possède, agit au moment même de la parole :

*Je suis, Tu as, Il écoute.*

**114.** Le passé indique que le sujet a été, a possédé, a agi avant le moment où l'on parle :

*Vous avez été, Nous avons eu, Ils ont marché.*

**115.** Le futur indique que le sujet sera, possèdera, agira après le moment où l'on parle :
*Tu seras, Nous aurons, Vous écrirez.*

**116.** Il n'y a qu'un seul temps présent, mais il y a plusieurs nuances de passés et de futurs.

<small>Nous ferons connaître les différents temps exprimant ces nuances après la conjugaison du verbe d'existence ÊTRE, et du verbe de possession AVOIR. Il vous sera plus facile de comprendre après avoir vu ou entendu.</small>

**117.** Conjuguer un verbe, c'est le lire, ou l'écrire, ou le réciter dans toute l'étendue de ses temps, nombres et personnes.

**118.** Le verbe *être* et le verbe *avoir* étant essentiellement nécessaires pour la conjugaison des autres, nous commencerons par ces deux verbes, qui, lorsqu'ils servent à conjuguer les verbes d'action, s'appellent *auxiliaires*. Nous commencerons par le verbe *avoir*, parce qu'il est auxiliaire de lui-même et du verbe *être*.

---

*Questions.* 108. Que considère-t-on dans les verbes ? 109. Qu'appelle-t-on sujet d'un verbe ? 110. Combien y a-t-il de personnes dans les verbes ? 111. Combien y a-t-il de nombres dans les verbes ? Comment s'accorde le verbe ? 112. Qu'est-ce que le temps ? Comment divise-t-on le temps ? 113. Qu'exprime le présent ? 114. Qu'exprime le passé ? 115. Qu'exprime le futur ? 116. Y a-t-il plusieurs temps présents ? 117. Qu'est-ce que conjuguer un verbe ? 118. Pourquoi commence-t-on par les verbes *être* et *avoir* ?

### 1er EXERCICE.

Ecrivez le Symbole des Apôtres, et soulignez une fois les pronoms et deux fois les mots verbes.

### 2e EXERCICE.

Analysez les phrases suivantes : *Un enfant raisonnable. Un artiste distingué. Le professeur habile.*

## 20e ENTRETIEN.

VERBE DE POSSESSION : *AVOIR.*

119. INFINITIF

PRÉSENT.

Avoir.

PASSÉ.

Avoir eu

PARTICIPE

PRÉSENT.

Ayant.

PASSÉ.

Eu, eue.

PASSÉ COMPOSÉ.

Ayant eu.

INDICATIF

PRÉSENT.

J'ai.
Tu as.
Il a.
Nous avons.
Vous avez.
Ils ont.

IMPARFAIT.

J'avais.
Tu avais.
Il avait.
Nous avions.
Vous aviez.
Ils avaient.

PASSÉ DÉFINI.

J'eus.
Tu eus.
Il eut.
Nous eûmes.
Vous eûtes.
Ils eurent.

PASSÉ INDÉFINI.

J'ai eu.
Tu as eu.

Il a eu.
Nous avons eu.
Vous avez eu.
Ils ont eu.

**PASSÉ ANTÉRIEUR.**

J'eus eu.
Tu eus eu.
Il eut eu.
Nous eûmes eu.
Vous eûtes eu.
Ils eurent eu.

**PLUS-QUE-PARFAIT.**

J'avais eu.
Tu avais eu.
Il avait eu.
Nous avions eu.
Vous aviez eu.
Ils avaient eu.

**FUTUR SIMPLE.**

J'aurai.
Tu auras.
Il aura.
Nous aurons.
Vous aurez.
Ils auront.

**FUTUR COMPOSÉ.**

J'aurai eu.
Tu auras eu.
Il aura eu.
Nous aurons eu.
Vous aurez eu.
Ils auront eu.

**CONDITIONNEL**
*PRÉSENT.*

J'aurais.
Tu aurais.

Il aurait.
Nous aurions.
Vous auriez.
Ils auraient.

**PASSÉ.**

J'aurais eu.
Tu aurais eu.
Il aurait eu.
Nous aurions eu.
Vous auriez eu.
Ils auraient eu.

**DEUXIÈME PASSÉ**

J'eusse eu.
Tu eusses eu.
Il eût eu.
Nous eussions eu.
Vous eussiez eu.
Ils eussent eu.

## IMPÉRATIF
*PRÉSENT.*

Aie.
Qu'il ait.
Ayons,
Ayez.
Qu'ils aient.

## SUBJONCTIF
*PRÉSENT OU FUTUR.*

Que j'aie.
Que tu aies.
Qu'il ait
Que nous ayons.
Que vous ayez.
Qu'ils aient.

*IMPÉRATIF.*

Que j'eusse.

Que tu eusses.
Qu'il eût.
Que nous eussions.
Que vous eussiez.
Qu'ils eussent.

**PASSÉ.**

Que j'aie eu.
Que tu aies eu.
Qu'il ait eu.
Que nous **ayons** eu.

Que vous ayez eu.
Qu'ils aient eu.

**PLUS-QUE-PARFAIT.**

Que j'eusse eu.
Que tu eusses eu.
Qu'il eût eu.
Que nous eussions eu
Que vous eussiez eu.
Qu'ils eussent eu.

*Questions.* 119. A..... Récitez le présent de l'indicatif du verbe Avoir. B..... Le passé défini. C..... l'Imparfait. D..... Le plus-que-parfait. E... Le présent du conditionnel, etc.

### 1er EXERCICE.

Ecrivez le verbe *avoir*, et ajoutez à chaque personne un objet possédé par le sujet. Exemple :

| INFINITIF | INDICATIF |
|---|---|
| **PRÉSENT.** | **PRÉSENT.** |
| Avoir *un livre.* | J'ai *soif.* |
| **PASSÉ.** | Tu as *raison.* |
| Avoir eu *des plumes.* | Il a *tort.* |
| PARTICIPE | Nous avons *un cheval.* |
| **PRÉSENT.** | Vous avez *des chevaux.* |
| Ayant *une maison.* | Ils ont *une voiture.* |
| **PASSÉ.** | **IMPARFAIT.** |
| Eu, eue. | J'avais *un chien.* |
| **PASSÉ COMPOSÉ.** | Tu avais *un bâton.* |
| Ayant eu *faim.* | Il avait *une grammaire.* |

(Continuer ainsi jusqu'à la fin du verbe.)

## 2ᵉ EXERCICE.

**Analysez** les phrases suivantes : *Vous avez raison. Paul a faim. Il aura soif. Elle a eu tort.*

## 21ᵉ ENTRETIEN.

Conjugaison du Verbe d'Existence : *ÊTRE*.

**120.** **INFINITIF**

PRÉSENT.

Être.

PASSÉ.

Avoir été.

**PARTICIPE**

PRÉSENT.

Étant.

PASSÉ.

Été.

PASSÉ COMPOSÉ.

Ayant été.

**INDICATIF**

PRÉSENT.

Je suis.
Tu es.
Il est.
Nous sommes.
Vous êtes.
Ils sont.

IMPARFAIT.

J'étais.
Tu étais.
Il était.
Nous étions.
Vous étiez.
Ils étaient.

PASSÉ DÉFINI.

Je fus.
Tu fus.
Il fut.
Nous fûmes.
Vous fûtes.
Ils furent.

PASSÉ INDÉFINI.

J'ai été.
Tu as été.
Il a été.
Nous avons été.
Vous avez été.
Ils ont été.

PASSÉ ANTÉRIEUR.

J'eus été.
Tu eus été.
Il eut été.
Nous eûmes été.
Vous eûtes été.
Ils eurent été.

PLUS-QUE-PARFAIT.

J'avais été.
Tu avais été.
Il avait été.

Nous avions été.
Vous aviez été.
Ils avaient été

FUTUR SIMPLE.

Je serai.
Tu seras.
Il sera.
Nous serons.
Vous serez.
Ils seront.

FUTUR PASSÉ.

J'aurai été.
Tu auras été.
Il aura été.
Nous aurons été.
Vous aurez été.
Ils auront été.

CONDITIONNEL

PRÉSENT.

Je serais.
Tu serais.
Il serait.
Nous serions.
Vous seriez.
Ils seraient.

PASSÉ.

J'aurais été.
Tu aurais été.
Il aurait été.
Nous aurions été.
Vous auriez été.
Ils auraient été.

DEUXIÈME PASSÉ.

J'eusse été.
Tu eusses été.

Il eût été.
Nous eussions été.
Vous eussiez été.
Ils eussent été.

IMPÉRATIF

PRÉSENT.

Sois.
Qu'il soit.
Soyons.
Soyez.
Qu'ils soient.

SUBJONCTIF

PRÉSENT OU FUTUR.

Que je sois.
Que tu sois.
Qu'il soit.
Que nous soyons.
Que vous soyez.
Qu'ils soient.

IMPARFAIT.

Que je fusse.
Que tu fusses.
Qu'il fût.
Que nous fussions.
Que vous fussiez.
Qu'ils fussent.

PASSÉ.

Que j'aie été.
Que tu aies été.
Qu'il ait été.
Qne nous ayons été.
Que vous ayez été.
Qu'ils aient été.

PLUS-QUE-PARFAIT.

Que j'eusse été.
Que tu eusses été.

Qu'il eût été.  |  Que vous eussiez été.
Que nous eussions été.  |  Qu'ils eussent été.

*Questions.* 120. A..... Récitez le présent de l'indicatif du verbe être. B... l'imparfait. C... le passé défini. E..... le passé antérieur, etc.

### 1er EXERCICE.

Ecrivez le verbe *être*, et ajoutez à chaque personne un adjectif qualificatif quelconque. Exemple :

INFINITIF

PRÉSENT.

Être *aimable*.

PASSÉ.

Avoir été *agréable*.

PARTICIPE PRÉSENT.

Étant *heureux*.

PASSÉ.

Été (invariable).

PASSÉ COMPOSÉ.

Ayant été *curieux*.

INDICATIF.

PRÉSENT.

Je suis *honoré*.
Tu es *aimé*.
Il est *haï*.
Nous sommes *malins*
Vous êtes *riches*.
Ils sont *pauvres*.

Continuez de cette manière jusqu'à la fin du verbe, et remarquez bien que l'adjectif s'accorde en nombre avec le pronom, sujet du verbe.

### 2e EXERCICE.

Ecrivez des phrases dans lesquelles vous ferez entrer différentes personnes des différents temps des verbes *être* et *avoir*, avec les pronoms suivants : *elle, il, eux, le mien, le tien, le sien, le nôtre, le vôtre, le leur, les miennes, les tiennes, les siennes, les nôtres, les vôtres, les leurs, ce, ceci, cela, celui-ci, celui-là, ceux-ci, on, quelqu'un, chacun, plusieurs, l'un, l'autre.* Exemple ·

Elle a faim. Lui a soif. Eux sont habiles. Ton devoir est commencé, *le mien* est fini.

# PRATIQUE.

### 3e EXERCICE.

Analyser la phrase suivante : *La terre est ronde; elle a la forme d'une boule immense.*

| Mots à analyser. | | Mots relatifs. |
|---|---|---|
| La | Article simple, féminin singulier, déterminant le genre et le nombre de..... | terre. |
| terre | Nom propre, féminin singulier, déterminé par l'article .................. | la. |
| | Et sujet du verbe d'existence........ | est. |
| est | Troisième personne du singulier du présent de l'indicatif du verbe d'existence | être. |
| ronde | Adjectif qualificatif, féminin singulier, qualifiant le nom................ | terre. |
| elle | Pronom personnel, troisième personne du singulier et du féminin, sujet du verbe de possession.................... | a |
| | Employé pour éviter la répétition de.... | terre. |
| a | Troisième personne du singulier du présent de l'indicatif du verbe de possession............................ | avoir. |
| la | Article simple, féminin singulier, déterminant le genre et le nombre de..... | forme. |
| forme | Nom commun, féminin singulier, déterminé par l'article................. | la. |
| | Et complément du verbe de possession. | a. |
| d' | Préposition ayant pour complément le nom commun..................... | boule. |
| une | Adjectif déterminatif, indéfini, fém. s., déterminant le genre et le nombre de. | boule. |
| boule | Nom commun, féminin singulier, déterminé par l'adjectif déterminatif...... | une. |
| | Qualifié par l'adjectif............... | immense. |
| | Et complément de la préposition....... | d'. |
| immense. | Adjectif qualificatif, féminin singulier, qualifiant le nom commun .......... | boule. |

## 22e ENTRETIEN.

### DES MODES.

Dans la conjugaison des deux verbes qui précèdent, on peut

remarquer que le passé, le présent et le futur y sont répétés plusieurs fois; c'est qu'il y a plusieurs manières d'employer ces temps dans la conversation.

121. On appelle modes les diverses manières de représenter l'existence, la possession, l'action.

122. Il y a six modes : 1° L'Infinitif ; 2° le Participe ; 3° l'Indicatif ; 4° le Conditionnel ; 5° l'Impératif ; 6° le Subjonctif.

123. Le verbe s'emploie au mode *Infinitif* quand on veut exprimer l'existence, la possession ou l'action d'une manière générale, sans nombre ni personne.

*Être, avoir, écrire, parler.*

124. Le verbe s'emploie au mode *Participe*, quand on veut exprimer l'existence, la possession, l'action, d'une manière vague, tout en modifiant le sujet.

*Étant, été, ayant, eu, lisant, lu.*

( Plus tard nous ferons de ce mode un Entretien particulier. )

125. Le verbe s'emploie au mode *Indicatif*, quand on veut représenter l'existence, la possession, l'action, d'une manière positive. Exemple :

Présent : *Je suis content.* Futur : *J'aurai faim.* Passé : *J'ai étudié ma leçon.*

126. Le verbe s'emploie au mode *Conditionnel* quand on veut exprimer l'existence, la possession, l'action, avec dépendance d'une condition.

*Tu serais savant si tu avais étudié.*

**127.** Le verbe s'emploie au mode *Impératif*, quand on veut exprimer l'existence, la possession, l'action, avec commandement, prière, recommandation.

*Sois sage. Écrivez une page.*

**128.** Le verbe s'emploie au mode *Subjonctif*, quand on veut exprimer l'existence, la possession ou l'action, dans tous les cas où il y a doute, crainte, nécessité, possibilité.

*Il faut que je sois à Paris le premier du mois prochain.*

**129.** Il y a dans les verbes un temps présent, cinq passés et deux futurs.

**130.** Le verbe au temps présent, nous l'avons déjà dit, est celui qui exprime que le sujet est, possède, agit au moment même de la parole:

*Je suis, j'ai, je lis.*

**131.** Les cinq temps qui indiquent le passé sont :

1° L'*Imparfait*, qui exprime l'existence, la possession, l'action, comme présente, en la rapportant à une époque passée :

*J'étais malade lorsque vous vîntes me voir.*

2° Le *Passé défini*, qui exprime l'existence, la possession, l'action comme ayant eu lieu dans un temps complètement écoulé.

*Hier vous écrivîtes à vos parents.*

3° Le *Passé indéfini*, qui exprime l'existence,

la possession, l'action, comme ayant eu lieu dans un temps entièrement écoulé ou non :

*Tu as bien travaillé la semaine dernière. Vous avez déjeuné ce matin à neuf heures.*

4° Le *Passé antérieur*, qui exprime l'existence, la possession, l'action, comme ayant eu lieu immédiatement avant un autre dans un temps passé :

*Quand j'eus fini mon devoir, je déjeunai.*

5° Le *Plus-que-parfait*, qui exprime l'existence, la possession, l'action, comme passées en elles-mêmes, mais encore relativement à un autre temps passé :

*Il avait été malade lorsqu'il vous fit une visite.*

132. Les deux temps qui marquent le futur sont :

1° Le *Futur simple* qui exprime que le sujet sera, possédera, agira après le moment de la parole.

*Demain je serai bien sage et maman me mènera à la campagne.*

2° Le *Futur antérieur* qui exprime l'existence, la possession, l'action comme devant avoir lieu avant un autre temps ;

*Vous aurez fini votre dessin quand je viendrai.*

133. Le mode *Indicatif* seul possède ces huit temps ; les autres n'en ont que quelques-uns, et

dans chacun des modes la forme du verbe varie quoique au même temps. Exemple :

Présent de l'indicatif : *Je suis, j'ai, je mange.* Présent du conditionnel : *Je serais, j'aurais, je mangerais.* Présent du subjonctif : *Que je sois, que j'aie, que je mange.*

---

*Questions.* **121.** Qu'appelle-t-on modes ? **122.** Combien y a-t-il de modes ? **123.** Quand emploie-t-on le verbe au mode infinitif ? **124.** Au mode participe ? **125.** Au mode indicatif ? **126.** Au mode conditionnel ? **127.** Au mode impératif ? **128.** Au mode subjonctif ? **129.** Combien y a-t-il dans les verbes de temps présents, de temps passés et de temps futurs. **130.** Qu'exprime le verbe au temps présent ? **131.** Quels sont les cinq temps passés ? Qu'exprime l'imparfait ? Le passé défini ? Le passé indéfini ? Le passé antérieur ? Le plus-que-parfait ? **132.** Quels sont les deux temps futurs ? Qu'exprime le futur simple ? Le futur antérieur ? **133.** Quel est le mode qui possède ces huit temps ?

### 1er EXERCICE.

Cherchez dans un livre des mots verbes, et écrivez-les (Désigner le nombre de mots à écrire.)

### 2e EXERCICE.

Analysez la phrase suivante :

*L'homme est une créature intelligente ; il a une âme immortelle ; il est le maître des animaux domestiques.*

## 23ᵉ ENTRETIEN.

### Division des Temps des Verbes.

134. On divise les temps des verbes en simples et en composés.

135. Les temps simples sont ceux qu'on écrit sans le secours d'un des temps du verbe *avoir* ou du verbe *être*.

*Tu es. Tu avais. Tu écriras*, etc.

136. Les temps composés sont ceux qu'on ne peut écrire sans le secours des temps du verbe avoir ou du verbe être.

*Il a été. Il avait lu. Il serait arrivé.*

137. On divise encore les temps des verbes en primitifs et en dérivés.

138. Les temps primitifs sont ceux qui aident à former les autres temps.

139. Il y a cinq temps primitifs, qui sont :

1° Le présent de l'infinitif ; 2° le présent du participe ; 3° le passé du participe ; 4° le présent de l'indicatif ; 5° le passé défini.

140 Les temps dérivés sont ceux qui sont formés des temps primitifs.

141. On distingue dans un verbe deux parties : le radical et la terminaison.

142. On appelle radical la partie du mot qui ne change pas dans toute la conjugaison d'un verbe.

143. On nomme terminaison la partie qui suit le radical et qui change presque à chaque personne.

Exemple : chant*er*, fin*ir*, recev*oir*, rend*re*. Nous chant*ons*, je fini*rai*, vous recev*rez*, ils rend*raient*.

*Chant... fin... recev... rend...* sont les radicaux, et ER... IR... OIR... RE... ONS... RAI... REZ... RAIENT... sont les terminaisons.

144. La terminaison de chaque personne est la même pour tous les verbes de la même conjugaison.

Ex.: *Aim*ER, *chant*ER, *récit*ER, *parl*ER, *finiss*ONS, *béniss*ONS, *gémiss*ONS.

145. Il y a quatre conjugaisons que l'on distingue par la terminaison du présent de l'infinitif.

146. La terminaison du présent de l'infinitif de la première conjugaison est *er*, comme dans chant*er*.

Celle de la 2$^e$ est *ir*, comme dans pun*ir*.

Celle de la 3$^e$ est *oir*, comme dans pouv*oir*.

Celle de la 4$^e$ est *re*, comme dans rend*re*.

---

*Questions.* 134. Comment divise-t-on les temps des verbes ? 135. Qu'est-ce que les temps simples ? 136. Qu'est-ce que les temps composés ? 137. Comment divise-t-on encore les temps des verbes ? 138. Qu'est-ce que les temps primitifs ? 139. Combien y a-t-il de temps primitifs ? Quels sont les cinq temps primitifs ? 140. Qu'est-ce que les temps dérivés ? 141. Quelles sont les deux parties qu'on distingue dans un mot verbe ? 142. Qu'appelle-t-on radical ? 143. Qu'appelle-t-on terminaison ? Exemples. 144. Quelle remarque fait-on sur la terminaison des mots verbes ? 145. Combien y a-t-il de conjugaisons ? Comment les distingue-t-on ? 146. Quelle est la finale de chaque conjugaison.

### 1er EXERCICE.

Analysez les choses représentées par les mots suivants (1) : *Dieu, homme, jardin, maison, table, lit, chien, chat, poule, cheval, ville, village, hameau, château.*

### 2e EXERCICE.

Ecrire sous la dictée quelques phrases simples, formées de noms, d'adjectifs et de verbes d'existence et de possession.

---

(1) L'analyse des choses consiste à définir les objets représentés par les mots donnés. Exemples : *Dieu est un pur esprit. Un homme est une créature faite à l'image de Dieu.*

## 24ᵉ ENTRETIEN.

**147.**  **TABLEAU DES QUATRE CONJUGAISONS.**

1ʳᵉ CONJUGAISON . *er.*  | 2ᵉ CONJUGAISON . *ir.* | 3ᵉ CONJUGAISON . *oir* | 4ᵉ CONJUGAISON . *re.*

INFINITIF (mode).

PRÉSENT. *Temps simple et primitif.*

. . . . . . . . *er.* | . . . . . . . . *ir.* | . . . . . . . . *oir.* | . . . . . . . . *re.*

PASSÉ. *Temps composé du présent de l'indicatif du verbe* AVOIR *et du passé du participe du verbe que l'on conjugue.*

Avoir . . . . . *é.* | Avoir . . . . . . *i.* | Avoir . . . . . *u.* | Avoir . . . . . *u.*

PARTICIPE (mode).

PRÉSENT. *Temps simple et primitif.*

. . . . . . . . *ant.* | . . . . . . . *ant.* | . . . . . . . *ant.* | . . . . . . . *ant.*

PASSÉ. *Temps simple et primitif.*

Masculin . . . . *é.*   | . . . . . . . . *i.*  | . . . . . . . *u.*  | . . . . . . . *u.*
Féminin . . . . *ée.*   | . . . . . . . *ie.*   | . . . . . . *ue.*   | . . . . . . *ue.*

PASSÉ COMPOSÉ. *Temps composé du présent du participe du verbe* AVOIR *et du passé du participe du verbe que l'on conjugue.*

Ayant . . . . . *é.* | Ayant . . . . . *i.* | Ayant . . . . . *u.* | Ayant . . . . . *u.*

### INDICATIF (mode).

PRÉSENT. *Temps simple et primitif au singulier, dérivé au pluriel parce qu'il est formé du présent du participe par le changement de la finale ant en ons, ez, ent.*

| Je . . . . . *e.* | Je . . . . . *s.* | Je . . . . . *s.* | Je . . . . . *s.* |
|---|---|---|---|
| Tu . . . . . *es.* | Tu . . . . . *s.* | Tu . . . . . *s.* | Tu . . . . . *s.* |
| Il . . . . . *e.* | Il . . . . . *t.* | Il . . . . . *t* | Il . . . . . *t.* |
| Nous . . . . *ons.* | Nous . . . . *ons.* | Nous . . . . *ons.* | Nous . . . . *ons.* |
| Vous . . . . *ez.* | Vous . . . . *ez.* | Vous . . . . *ez.* | Vous . . . . *ez.* |
| Ils . . . . . *ent.* | Ils . . . . . *ent.* | Ils . . . . . *ent.* | Ils . . . . . *ent,* |

IMPARFAIT. *Temps simple, dérivé du présent du participe par le changement de la finale ant en celles de* ais, ais, ait, ions, iez, aient.

| Je . . . . . *ais.* | Je . . . . . *ais,* | Je . . . . . *ais.* | Je . . . . . *ais,* |
|---|---|---|---|
| Tu . . . . . *ais.* | Tu . . . . . *ais,* | Tu . . . . . *ais.* | Tu . . . . . *ais,* |
| Il . . . . . *ait.* | Il . . . . . *ait.* | Il . . . . . *ait.* | Il . . . . . *ait,* |
| Nous . . . . *ions.* | Nous . . . . *ions.* | Nous . . . . *ions,* | Nous . . . . *ions,* |
| Vous . . . . *iez.* | Vous . . . . *iez.* | Vous . . . . *iez,* | Vous . . . . *iez.* |
| Ils . . . . . *aient.* | Ils . . . . . *aient.* | Ils . . . . . *aient,* | Ils . . . . . *aient,* |

PASSÉ DÉFINI. *Temps simple et primitif.*

| Je . . . . . *ai.* | Je . . . . . *is.* | Je . . . . . *us.* | Je . . . . . *is.* |
|---|---|---|---|
| Tu . . . . . *as.* | Tu . . . . . *is.* | Tu . . . . . *us.* | Tu . . . . . *is.* |
| Il . . . . . *a.* | Il . . . . . *it.* | Il . . . . . *ut.* | Il . . . . . *it.* |
| Nous . . . *âmes.* | Nous . . . *îmes.* | Nous . . . *ûmes.* | Nous . . . *îmes.* |
| Vous . . . *âtes.* | Vous . . . *îtes.* | Vous . . . *ûtes.* | Vous . . . *îtes.* |
| Ils . . . . *èrent.* | Ils . . . . *irent.* | Ils . . . . *urent.* | Ils . . . . *irent.* |

PASSÉ INDÉFINI. *Temps composé du présent de l'indicatif du verbe* AVOIR *et du passé du participe du verbe que l'on conjugue.*

| J'ai . . . . . *é.* | J'ai . . . . . *i.* | J'ai . . . . . *u.* | J'ai . . . . . *u.* |
|---|---|---|---|
| Tu as . . . . *é.* | Tu as . . . . *i.* | Tu as . . . . *u.* | Tu as . . . . *u.* |
| Il a . . . . . *é.* | Il a . . . . . *i.* | Il a . . . . . *u.* | Il a . . . . . *u.* |
| Nous avons . . *é.* | Nous avons . . *i.* | Nous avons . . *u.* | Nous avons . . *u.* |
| Vous avez . . . *é.* | Vous avez . . . *i.* | Vous avez . . . *u.* | Vous avez . . . *u.* |
| Ils ont . . . . *é.* | Ils ont . . . . *i.* | Ils ont . . . . *u.* | Ils ont . . . . *u.* |

PASSÉ ANTÉRIEUR. *Temps composé du passé défini du verbe* AVOIR *et du passé du participe du verbe que l'on conjugue.*

| J'eus . . . . . *é.* | J'eus . . . . . *i.* | J'eus . . . . . *u.* | J'eus . . . . . *u.* |
|---|---|---|---|
| Tu eus . . . . *é.* | Tu eus . . . . *i.* | Tu eus . . . . *u.* | Tu eus . . . . *u.* |
| Il eut . . . . . *é.* | Il eut . . . . . *i.* | Il eut . . . . . *u.* | Il eut . . . . . *u.* |

| Nous eûmes . . . é. | Nous eûmes . . . i. | Nous eûmes . . . u. | Nous eûmes . . . u. |
| Vous eûtes . . . é. | Vous eûtes . . . i. | Vous eûtes . . . u. | Vous eûtes . . . u. |
| Ils eurent . . . é. | Ils eurent . . . i. | Ils eurent . . . u. | Ils eurent . . . u. |

PLUS-QUE-PARFAIT. *Temps composé de l'imparfait de l'indicatif du verbe* AVOIR *et du passé du participe du verbe que l'on conjugue*

| J'avais . . . . é. | J'avais . . . . i. | J'avais . . . . u. | J'avais . . . . u. |
| Tu avais . . . . é. | Tu avais . . . . i. | Tu avais . . . u. | Tu avais . . . . u. |
| Il avait . . . . é. | Il avait . . . . i. | Il avait . . . . u. | Il avait . . . . u. |
| Nous avions . . . é. | Nous avions . . . i. | Nous avions . . u. | Nous avions . . . u. |
| Vous aviez . . . é. | Vous aviez . . . i. | Vous aviez . . . u. | Vous aviez . . . u. |
| Ils avaient . . . é. | Ils avaient . . . i. | Ils avaient . . . u. | Ils avaient . . . u. |

FUTUR SIMPLE. *Temps simple, dérivé du présent de l'infinitif en changeant les finales* r, ir oir, re, *en celles de* rai, ras, ra, rons, rez, ront.

| Je . . . . . rai, | Je . . . . . rai. | Je . . . . . rai. | Je . . . . rai. |
| Tu . . . . . ras. | Tu . . . . . ras. | Tu . . . . . ras. | Tu . . . . ras. |
| Il . . . . . ra | Il . . . . . ra. | Il . . . . . ra. | Il . . . . ra. |
| Nous . . . . rons. | Nous . . . . rons. | Nous . . . . rons. | Nous . . . . rons. |
| Vous . . . . rez. | Vous . . . . rez. | Vous . . . . rez. | Vous . . . . rez. |
| Ils . . . . . ront, | Ils . . . . . ront. | Ils . . . . . ront. | Ils . . . . . ront, |

**FUTUR ANTÉRIEUR.** *Temps composé du futur simple du verbe* AVOIR *et du passé du participe du verbe que l'on conjugue.*

| | | | |
|---|---|---|---|
| J'aurai . . . . . *é.* | J'aurai . . . . . *i.* | J'aurai . . . . . *u.* | J'aurai . . . . . *u.* |
| Tu auras . . . . *é.* | Tu auras . . . . *i.* | Tu auras . . . . *u.* | Tu auras . . . . *u.* |
| Il aura . . . . . *é.* | Il aura . . . . . *i.* | Il aura . . . . . *u.* | Il aura . . . . . *u.* |
| Nous aurons . . . *é.* | Nous aurons . . . *i.* | Nous aurons . . . *u.* | Nous aurons . . . *u.* |
| Vous aurez . . . *é.* | Vous aurez . . . *i.* | Vous aurez . . . *u.* | Vous aurez . . . *u.* |
| Ils auront . . . . *é.* | Ils auront . . . . *i.* | Ils auront . . . *u.* | Ils auront . . . . *u.* |

## CONDITIONNEL (mode.)

**PRÉSENT.** *Temps simple et dérivé, formé du présent de l'infinitif en changeant les finales* r, ir, oir, re, *en celles de* rais, rais, rait, rions, riez, raient.

| | | | |
|---|---|---|---|
| Je . . . . . *rais.* | Je . . . . . *rais.* | Je . . . . . *rais.* | Je . . . . . *rais.* |
| Tu . . . . . *rais* | Tu . . . . . *rais.* | Tu . . . . . *rais.* | Tu . . . . . *rais.* |
| Il . . . . . *rait.* | Il . . . . . *rait.* | Il . . . . . *rait.* | Il . . . . . *rait.* |
| Nous . . . . *rions.* | Nous . . . . *rions.* | Nous . . . *rions.* | Nous . . . . *rions.* |
| Vous . . . . *riez.* | Vous . . . . *riez.* | Vous . . . . *riez.* | Vous . . . . *riez.* |
| Ils . . . . . *raient.* | Ils . . . . , *raient.* | Ils . . . . *raient.* | Ils . . . . . *raient.* |

**PREMIER PASSÉ.** *Temps composé du présent du conditionnel du verbe* AVOIR *et du passé du participe du verbe que l'on conjugue.*

| | | | |
|---|---|---|---|
| J'aurais . . . . *é.* | J'aurais . . . . *i.* | J'aurais . . . . *u.* | J'aurais . . . . *u.* |

| Tu aurais . . . é. | Tu aurais. . . . i. | Tu aurais. . . . u. | Tu aurais. . . . u. |
| Il aurait . . . . é. | Il aurait . . . . i. | Il aurait . . . . u. | Il aurait . . . . u. |
| Nous aurions . . é. | Nous aurions. . . i. | Nous aurions . . u. | Nous aurions . . u. |
| Vous auriez . . . é. | Vous auriez . . . i. | Vous auriez. . . u. | Vous auriez . . . u. |
| Ils auraient . . . é. | Ils auraient . . . i. | Ils auraient. . . u. | Ils auraient . . . u. |

DEUXIÈME PASSÉ. *Temps composé de l'imparfait du subjonctif du verbe* AVOIR *et du passé du participe du verbe que l'on conjugue.*

| J'eusse. . . . . é. | J'eusse . . . . . i. | J'eusse . . . . u. | J'eusse. . . . . u. |
| Tu eusses. . . . é. | Tu eusses. . . . i. | Tu eusses. . . . u. | Tu eusses. . . . u. |
| Il eût . . . . . é. | Il eût. . . . . . i. | Il eût . . . . . u. | Il eût . . . . . u. |
| Nous eussions . . é. | Nous eussions . . i. | Nous eussions . . u. | Nous eussions . . u. |
| Vous eussiez. . . é. | Vous eussiez. . . i. | Vous eussiez. . . u. | Vous eussiez. . . u. |
| Ils eussent . . . é. | Ils eussent . . . i. | Ils eussent . . . u. | Ils eussent . . . u. |

## IMPÉRATIF (mode).

PRÉSENT. *Temps simple, dérivé du présent de l'indicatif en supprimant les pronoms* tu, nous, vous. *Pour la* 2ᵉ, *la* 3ᵉ *et la* 4ᵉ *conjugaison on change la finale de la* 3ᵉ *personne en* e.

| . . . . . . e. | . . . . . . s. | . . . . . . s. | . . . . . . s. |
| Qu'il. . . . . e. | Qu'il . . . . . e. | Qu'il. . . . . e. | Qu'il . . . . . e. |
| . . . . . ons. | . . . . . ons. | . . . . . ons. | . . . . . ons. |
| . . . . . ez. | . . . . . ez. | . . . . . ez. | . . . . . ez. |
| Qu'ils . . . ent. | Qu'ils . . . ent. | Qu'ils . . . ent. | Qu'ils . . . ent. |

## SUBJONCTIF (mode).

**PRÉSENT OU FUTUR.** *Temps simple, dérivé du présent du participe par le changement de la finale* ant *en celles de* e, es, e, ions, iez, ent.

| | | | |
|---|---|---|---|
| Que je . . . . . *e*. | Que je . . . . . *e*. | Que je . . . . . *e*. | Que je . . . . . *e*. |
| Que tu . . . . *es*. | Que tu . . . . *es*. | Que tu . . . . *es*. | Que tu . . . . *es*. |
| Qu'il . . . . . *e*. | Qu'il . . . . . *e*. | Qu'ils . . . . . *e*. | Qu'il . . . . . *e*. |
| Que nous . . *ions*. | Que nous . . *ions*. | Que nous . . *ions*. | Que nous . . *ions*. |
| Que vous . . *iez*. | Que vous . . *iez*. | Que vous . . *iez*. | Que vous . . *iez*. |
| Qu'ils . . . . *ent*. | Qu'ils . . . . *ent*. | Qu'ils . . . . *ent*. | Qu'ils . . . . *ent*. |

**IMPARFAIT.** *Temps simple, dérivé du passé défini en changeant la finale* ai, *en celles de* asse, asses, ât, assions, assiez, assent, *pour la 1ʳᵉ conjugaison, et en ajoutant à la première personne les finales* se, ses, ....., sions, siez, sent *pour les trois autres*.

| | | | |
|---|---|---|---|
| Que je . . . *asse*. | Que je . . . *isse*. | Que je . . . *usse*. | Que je . . . *isse*. |
| Que tu . . . *asses*. | Que tu . . . *isses*. | Que tu . . . *usses*. | Que tu . . . *isses*. |
| Qu'il . . . . *ât*. | Qu'il . . . . *ît*. | Qu'il . . . . *ût*. | Qu'il . . . . *ît*. |
| Que nous . *assions*. | Que nous . *issions*. | Que nous . *ussions*. | Que nous . *issions*. |
| Que vous . *assiez*. | Que vous . *issiez*. | Que vous . *ussiez*. | Que vous . *issiez*. |
| Qu'ils . . . *assent*. | Qu'ils . . . *issent*. | Qu'ils . . . *ussent*. | Qu'ils . . . *issent*. |

PASSÉ. *Temps composé du présent du subjonctif du verbe* AVOIR *et du passé du participe du verbe que l'on conjugue.*

| | | | | | | | |
|---|---|---|---|---|---|---|---|
| Que j'aie . . . | *é.* | Que j'aie . . . | *i.* | Que j'aie . . | *u.* | Que j'aie . . | *u.* |
| Que tu aies . . | *é.* | Que tu aies . . | *i.* | Que tu aies . . | *u.* | Que tu aies . . | *u.* |
| Qu'il ait . . . | *é.* | Qu'il ait . . . | *i.* | Qu'il ait . . . | *u.* | Qu'il ait . . . | *u.* |
| Que nous ayons . | *é.* | Que nous ayons . | *i.* | Que nous ayons . | *u.* | Que nous ayons. | *u.* |
| Que vous ayez. . | *é.* | Que vous ayez. . | *i.* | Que vous ayez . | *u.* | Que vous ayez . | *u.* |
| Qu'ils aient . . | *é.* | Qu'ils aient. . . | *i.* | Qu'ils aient . . | *u* | Qu'ils aient. . . | *u.* |

PLUS-QUE-PARFAIT. *Temps composé de l'imparfait du subjonctif du verbe* AVOIR *et du passé du participe du verbe que l'on conjugue.*

| | | | | | | | |
|---|---|---|---|---|---|---|---|
| Que j'eusse . . | *é.* | Que j'eusse . . | *i.* | Que j'eusse . . | *u.* | Que j'eusse . . | *u.* |
| Que tu eusses . | *é.* | Que tu eusses . | *i.* | Que tu eusses . | *u.* | Que tu eusses . | *u.* |
| Qu'il eût . . . | *é.* | Qu'il eût. . . . | *i.* | Qu'il eût . . . | *u.* | Qu'il eût. . . . | *u.* |
| Que nous eussions | *é.* | Que nous eussions | *i.* | Que nous eussions | *u.* | Que nous eussions | *u.* |
| Que vous eussiez | *é.* | Que vous eussiez. | *i.* | Que vous eussiez | *u.* | Que vous eussiez. | *u.* |
| Qu'ils eussent . | *é.* | Qu'ils eussent . | *i.* | Qu'ils eussent. . | *u.* | Qu'ils eussent . | *u.* |

*Questions.* 147. Le présent de l'infinitif est-il simple ou composé ? Est-il dérivé ou primitif ? Dites les temps du mode infinitif du verbe chanter ? Du verbe fournir ? Du verbe voir ? Du verbe rendre ? Le présent et le passé du participe sont il simples ou composés ? Dérivés ou primitifs ? Récitez-les ? Le présent de l'indicatif est-il simple ou composé ? Dérivé ou primitif ? Récitez-le aux quatre verbes ? L'Imparfait de l'indicatif est-il simple ou composé ? Dérivé ou primitif ? Récitez-le ? (ainsi de suite).

### 1er EXERCICE.

Faire conjuguer de vive voix des verbes dont on donnera le radical. Chaque élève à son tour conjuguera un temps. (Cet exercice doit être répété jusqu'à ce que les élèves puissent dire à quelle personne, à quel temps et à quel mode appartient un mot verbe pris au hasard)

### 2e EXERCICE.

Analysez la phrase suivante :

*Dieu a créé tout ce qui existe : le ciel, la terre, les eaux, l'homme, les animaux, les oiseaux, les poissons. Les uns marchent, les autres volent, d'autres nagent.*

### 3e EXERCICE.

Analysez les choses représentées par les mots suivants :

*Horloge, cuisine, échelle, assiette, couteau, pantalon, habit, chapeau, soulier, fenêtre, cheminée, alphabet.*

## 25e ENTRETIEN.

Pour conjuguer un verbe d'après le tableau précédent, il suffit de placer entre le pronom et la finale le radical du verbe à conjuguer. Exemple : mettez devant *er* le radical *chant*, vous aurez *chanter*; placez-y le radical *parl*, vous aurez *parler*; enfin placez-y successivement les radicaux *caus... march.... tu... brav... honor... mang... pri... chang... plant...* et vous aurez *causer, marcher, tuer, braver, honorer, manger, prier, changer, planter*. Il en est de même pour chacune des personnes de tous les temps des quatre conjugaisons.

Cependant il y a ici une observation importante à faire : la finale du passé du participe est la même pour tous les verbes de la première conjugaison, mais il n'en est pas ainsi pour les autres.

La plupart des verbes de la deuxième conjugaison ont au passé du participe la terminaison *i* : sur 414 verbes, 370 ont leur passé du participe terminé par *i*, 28 par *u*, 9 par *ert*, 6 par *is*, et 1 par *ort*.

Pour les verbes de la troisième conjugaison, la terminaison *u* est assez générale ; sur 39 verbes, 36 ont au passé du participe leur terminaison en *u*, et 3 seulement en *is*.

Pour les verbes de la quatrième conjugaison, la terminaison du passé du participe varie beaucoup : sur 230 verbes, 90 ont leur terminaison en *u*, comme dans rendu du verbe rendre.

| | | | | | | |
|---|---|---|---|---|---|---|
| 41 | ont leur termin. | en *it* | comme dans | souscrit, | id. | souscrire. |
| 25 | id. | *is* | id. | surpris, | id. | surprendre. |
| 19 | id. | *eint* | id. | éteint | id. | éteindre. |
| 19 | id. | *ait* | id. | soustrait | id. | soustraire. |
| 10 | id. | *i* | id. | ri | id. | rire. |
| 9 | id. | *oint* | id. | joint | id. | joindre. |
| 5 | id. | *os* | id. | clos | id. | clore. |
| 4 | id. | *û* | id. | crû | id. | croître. |
| 3 | id. | *ous* | id. | absous | id. | absoudre. |
| 3 | id. | *aint* | id. | craint | id. | craindre. |
| 2 | id. | *us* | id. | reclus et | id. | reclure, |
| | | | | exclus | id. | exclure. |
| 1 | id. | *ors* | id. | retors | id. | retordre. |
| 1 | id. | *é* | id. | né | id. | naître. |

D'après ce qui précède, lorsque vous voudrez conjuguer un verbe dont le passé du participe ne sera pas terminé comme dans le tableau modèle des conjugaisons, il suffira de substituer à la finale existante dans les temps composés celle du passé du participe du verbe qu'on voudra conjuguer.

Il y aussi des verbes qui ont plusieurs radicaux, tels que envoyer, punir, recevoir, absoudre, etc.

Envoyer a pour radicaux, envoy..... et enver.
Punir         id.         pun..... et punis.
Recevoir      id.         recev..... et rec.
Absoudre      id.         absoud....., absou, absolv.....

**148.** Pour bien conjuguer un verbe il faut connaître la formation des temps et savoir bien distinguer les temps primitifs, c'est-à-dire ceux avec lesquels on forme les temps dérivés.

**149.** Les verbes dont les temps dérivés se forment régulièrement des temps primitifs et qui n'ont qu'un radical s'appellent verbes réguliers, dans le cas contraire, ils s'appellent verbes irréguliers.

**150.** On appelle verbes défectifs ceux auxquels l'usage refuse certains temps ou certaines personnes. Ex.: Le verbe *éclore* n'a pas de présent au participe ni le passé défini, et par conséquent tous les temps et les personnes qui se forment de ces deux temps primitifs lui manquent aussi, c'est donc un verbe définitif.

Il y a peu de verbes irréguliers dans la première et la deuxième conjugaison ; dans la troisième ils le sont presque tous, et dans la quatrième il y en a un grand nombre.

---

*Questions.* **148.** Que faut-il connaître pour bien conjuguer un verbe ? **149.** Qu'est-ce qu'un verbe régulier ? Qu'est-ce qu'un verbe irrégulier ? **150.** Qu'est-ce qu'un verbe défectif ?

## 1er EXERCICE.

**Faire conjuguer de vive voix un verbe quelconque.**

## 2e EXERCICE.

Analysez les phrases suivantes :

*Le soleil échauffe la terre, dore les moissons, mûrit les fruits. L'automne est la saison des fruits, des vendanges.*

## 3e EXERCICE.

Analysez les choses représentées par les mots suivants :

*Eglise, place publique, rue, fontaine, marché, halle, fleuve, rivière, ruisseau, route, chemin.*

## 26ᵉ ENTRETIEN.

### TABLEAU DES VERBES IRRÉGULIERS LES PLUS USITÉS.

**151. TEMPS PRIMITIFS.**

| Présent de l'indicatif. | Présent du participe. | Passé du participe. | Présent de l'indicatif. | Passé défini. | TEMPS DÉRIVÉS Dont la Conjugaison est irrégulière ou semble douteuse. |
|---|---|---|---|---|---|
| | | | | | **PREMIÈRE CONJUGAISON.** |
| Aller. | Allant. | Allé. | Je vais. | J'allai. | ALLER. Présent de l'Indicatif. *Je vais, tu vas, il va, nous allons, vous allez, ils vont.* Futur. *J'irai, tu iras,* etc., Conditionnel présent. *J'irais, tu irais,* etc., Impératif. *Va, qu'il aille, allons, allez, qu'ils aillent.* Subjonctif présent. *Que j'aille, que tu ailles, qu'il aille, que nous allions, que vous alliez, qu'ils aillent.* |
| Envoyer. | Envoyant. | Envoyé. | J'envoie. | J'envoyai. | ENVOYER n'est irrégulier qu'au futur. *J'enverrai, tu enverras, il enverra,* etc., et au Conditionnel, *j'enverrais, tu enverrais,* etc. (et de même pour le verbe renvoyer). |

## DEUXIÈME CONJUGAISON.

| | | | | | |
|---|---|---|---|---|---|
| Acquérir. | Acquérant. | Acquis. | J'acquiers. | J'acquis. | ACQUÉRIR. Prés. de l'Ind. *J'acquiers, tu acquiers, il acquiert, nous acquérons, vous acquérez, ils acquièrent.* Imparfait. *J'acquérais, tu acquérais, il acquérait, nous acquérions, vous acquériez, ils acquéraient.* Futur. *J'acquerrai,* etc. Cond. prés. *J'acquerrais,* etc. Impératif. *Acquiers,* etc. Prés. du subj. *Que j'acquière, que tu acquières, qu'il acquière, que nous acquérions, que vous acquériez, qu'ils acquièrent.* |
| Courir. | Courant. | Couru. | Je cours. | Je courus. | COURIR, n'est irrégulier qu'au futur. *Je courrai, tu courras,* etc., et au conditionnel, *je courrais,* etc. (de même pour accourir et parcourir). |
| Cueillir. | Cueillant. | Cueilli. | Je cueille. | Je cueillis. | CUEILLIR, n'est irrégulier qu'au futur, *Je cueillerai,* etc., et au conditionnel, *je cueillerais,* etc. (de même pour accueillir, recueillir, assaillir, tressaillir). |
| Faillir. | Faillant. | Failli. | Je faux. | Je faillis. | FAILLIR. Quoi qu'on lui donne les cinq temps primitifs ce verbe n'est guère usité qu'au passé défini. *Je faillis,*etc. Futur, *Je faillirai,* etc. Conditionnel. *Je faillirais,* etc. |
| Mourir. | Mourant. | Mort. | Je meurs. | Je mourus. | MOURIR. Prés. de l'Ind. *Je meurs, tu meurs, il meurt, nous mourons, vous mourez, ils meu-* |

| | | | | | |
|---|---|---|---|---|---|
| | | | | | rent. Futur. *Je mourrai, tu mourras*, etc. Prés. du Cond. *Je mourrais*, etc. Prés. du subj. *Que je meure, que tu meures, qu'il meure, que nous mourions, que vous mouriez, qu'ils meurent.* |
| Tenir. | Tenant. | Tenu. | Je tiens. | Je tins. | TENIR. Prés. de l'Ind. *Je tiens, tu tiens, il tient, nous tenons, vous tenez, ils tiennent.* Futur. *Je tiendrai*, etc. Prés. du Cond. *Je tiendrais.* Prés. du subj. *Que je tienne, que tu tiennes, qu'il tienne, que nous tenions, que vous teniez, qu'ils tiennent.* |

## TROISIÈME CONJUGAISON.

| | | | | | |
|---|---|---|---|---|---|
| Déchoir. | | Déchu. | Je déchois. | Je déchus. | DÉCHOIR. Prés. de l'Ind. *Je déchois, tu déchois, il déchoit, nous déchoyons, vous déchoyez, ils déchoient.* Imparfait. *Je déchoyais*, etc. Futur. *Je décherrai*, etc. Prés. du Cond. *Je décherrais*, etc. Prés. du subj. *Que je déchoie,* etc. Quoi que le présent du participe n'existe pas, ce verbe a tous les temps qui en dérivent. |
| Echoir. | Echéant. | Echu. | Il échoit. | J'échus. | ECHOIR, au présent de l'indicatif n'est guère en usage qu'à la troisième personne du singulier. *Il échoit.* Futur. *J'écherrai*, etc. Prés. du Condition. *J'écherrais*, etc. |

| | | | | | |
|---|---|---|---|---|---|
| Falloir. | | Fallu. | Il faut. | Il fallut. | FALLOIR. Futur. *Il faudra.* Prés. du Cond. *Il faudrait.* Quoique n'ayant point de présent au participe, il a le présent du subjonctif, *qu'il faille.* |
| Mouvoir. | Mouvant. | Mu. | Je meus. | Je mus. | MOUVOIR. Présent de l'ind. *Je meus, tu meus, il meut, nous mouvons, vous mouvez, ils meuvent.* Futur. *Je mouvrai,* Prés. du cond. *Je mouvrais.* Prés. du subj. *Que je meuves, que tu meuves, qu'il meuve, que nous mouvions, que vous mouviez, qu'ils meuvent.* |
| Pouvoir. | Pouvant. | Pu. | Je puis ou je peux. | Je pus. | POUVOIR. Prés. de l'ind. *Je puis ou je peux, tu peux, il peut, nous pouvons, vous pouvez, ils peuvent.* Futur. *Je pourrai,* etc. Prés. du cond. *Je pourrais,* etc. Prés. du subj. *Que je puisse,* etc. |
| Prévaloir. | Prévalant. | Prévalu. | Je prévaux. | Je prévalus. | PRÉVALOIR, se conjugue comme valoir à l'exception du présent du subjonctif qui se forme régulièrement du présent du participe. *Que je prévale, que tu prévales,* etc. |
| S'asseoir. | S'asseyant. | Assis. | Je m'assieds | Je m'assis. | S'ASSEOIR. Présent de l'ind. *Je m'assieds, tu t'assieds, il s'assied, nous nous asseyons, vous vous asseyez, ils s'asseyent,* ou *je m'assois, tu t'assois, il s'assoit, nous nous asseyons, vous vous asseyez, ils s'assoient.* Imparfait. *Je m'asseyais, tu t'asseyais, il s'asseyait,* etc. Futur. *Je m'assiérai, tu t'assiéras,* ou *je m'asseyerai,* ou *je m'assoirai.* |

| | | | | | |
|---|---|---|---|---|---|
| | | | | | Prés. du cond. *Je m'assiérais*, ou *je m'asseyerais*, ou *je m'assoirais*, etc. Prés. du subj. *Que je m'assoie* ou *que je m'asseye*, etc. |
| Savoir. | Sachant. | Su. | Je sais. | Je sus. | SAVOIR, Prés. de l'Ind. *Je sais, tu sais, il sait, nous savons, vous savez, ils savent.* Imp. de l'Ind. *Je savais*, etc. Futur. *Je saurai*, etc. Prés. du cond. *Je saurais*, etc. Impér. *Sache*, etc. |
| Valoir. | Valant. | Valu. | Je vaux. | Je valus. | VALOIR Prés. de l'Ind. *Je vaux, tu vaux, il vaut, nous valons, vous valez, ils valent.* Futur. *Je vaudrai, tu vaudras*, etc. Prés. du cond. *Je vaudrais, tu vaudrais*, etc. Prés. du subj. *Que je vaille, que tu vailles, qu'il vaille, que nous valions, que vous valiez, qu'ils vaillent.* |
| Voir. | Voyant. | Vu. | Je vois. | Je vis. | VOIR n'est irrégulier qu'au futur de l'ind. *Je verrai, tu verras*, etc., et au prés. du cond. *Je verrais, tu verrais*, etc. |
| Vouloir. | Voulant. | Voulu. | Je veux. | Je voulus. | VOULOIR. Prés. de l'Ind. *Je veux, tu veux, il veut, nous voulons, vous voulez, ils veulent.* Futur. *Je voudrai*, etc. Prés. du cond. *Je voudrais, tu voudrais*, etc. Impér. *Veux, qu'il veuille, voulons, voulez, qu'ils veuillent.* Prés. du subj. *Que je veuille, que tu veuilles, qu'il veuille, que nous voulions, que vous vouliez, qu'ils veuillent.* |

## QUATRIÈME CONJUGAISON.

| | | | | | |
|---|---|---|---|---|---|
| Boire. | Buvant. | Bu. | Je bois. | Je bus. | BOIRE, n'est irrégulier qu'au prés. de l'ind. *Je bois, tu bois, il boit, nous buvons, vous buvez, ils boivent*, au présent du subj. *Que je boive, que tu boives, qu'il boive, que nous buvions, que vous buviez, qu'ils boivent*. |
| Braire. | | | Il brait. | | BRAIRE, n'a que les personnes et les temps suivants : Prés. de l'ind. *Il brait, ils braient*. Futur. *Il braira, ils brairont*. Prés. du cond. *Il brairait, ils brairaient*. |
| Bruire. | Bruyant. | | Il bruit. | | BRUIRE, n'a que les personnes et les temps suivants : Prés. de l'ind. *Il bruit*. Imp. *Il bruyait, Ils bruyaient*. |
| Clore. | Closant. | Clos. | Je clos. | | CLORE (1), n'a que les personnes et les temps suivants : Prés. de l'ind. *Je clos, tu clos, il clot*, etc. Imp. *Je clorais*, etc. Futur. *Je clorai*, etc. Prés. du cond. *Je clorais*, etc. Prés. du subj. *Que je close, que tu closes*, etc. Plus les temps composés |

(1) Presque tous les grammairiens modernes, M. Darbois excepté, disent que le présent de l'indicatif de ce verbe n'a pas de pluriel. Il me semble pourtant que plusieurs personnes occupées à clore un champ, un jardin, peuvent fort bien dire: nous *closons* notre champ; et pourquoi ne pourrait-on pas dire: je me suis fatigué en *closant* mon jardin.

| | | | | | |
|---|---|---|---|---|---|
| Dire. | Disant. | Dit. | Je dis. | Je dis. | **Dire**, n'est irrégulier qu'à la seconde personne du pluriel du présent de l'indicatif, *vous dites*, et à la même personne du prés. de l'impératif, *dites*: *Redire*, a les mêmes irrégularités. Mais *dédire*, *contredire*, *interdire*, *médire*, *prédire*, font régulièrement *vous dédisez*, *vous contredisez*, etc. |
| Éclore. | | Éclos. | Il éclot. | | **Éclore**, n'a que es personnes et les temps suivants: Prés. de l'ind. *Il éclôt*, *ils éclosent*. Futur. *Il éclora*, *ils écloront*. Prés. du cond. *Il éclorait*, *ils écloraient*. Prés. du subj. *Qu'il éclose*, *qu'ils éclosent*. Quoi qu'il n'ait pas de présent au participe, il a tous ses temps composés. |
| Faire. | Faisant. | Fait. | Je fais. | Je fis. | **Faire**. Prés. de l'ind. *Je fais*, *tu fais*, *il fait*, *nous faisons*, *vous faites*, *ils font*. Futur. *Je ferai*, *tu feras*, etc. Prés du cond. *Je ferais*, etc. Prés. du sub. *Que je fasse*. De même pour ses composés, *contrefaire*, *défaire*, *refaire*, *surfaire*, *satisfaire*. |
| Frire. | | Frit. | Je fris. | | **Frire**, n'a que les personnes et les temps suivants: Prés. de l'ind. *Je fris*, *tu fris*, *il frit*, *ils frient*. Futur *Je frirai*, *tu friras*, etc. Prés. du cond. *Je frirais*. Prés. de l'imp. *Fris*. Plus les temps composés. |
| Paître. | Paissant. | | Je pais. | | **Paître**, a tous les temps dérivés de ses trois temps primitifs. Prés. de l'ind. *Je pais*, *tu pais*, *il* |

| | | | | | |
|---|---|---|---|---|---|
| | | | | | *paît, nous paissons, vous paissez, ils paissent.* Fu tur. *Je paîtrai,* etc. Prés. du cond. *Je paîtrais,* etc. Imp. *Qu'il paisse,* Prés. du subj. *Que je paisse,* etc. |
| Prendre. | Prenant. | Pris. | Je prends. | Je pris. | PRENDRE. Prés. de l'ind. *Je prends, tu prends, il prend, nous prenons, vous prenez, ils prennent.* Prés. du subj. *Que je prenne, que tu prennes, qu'il prenne, que nous prenions, que vous preniez, qu'ils prennent.* Les autres temps sont réguliers. |
| Vaincre. | Vainquant. | Vaincu. | Je vaincs. | Je vainquis. | VAINCRE. Prés. de l'ind. *Je vaincs, tu vaincs, il vainc, nous vainquons, vous vainquez, ils vainquent.* Les autres temps se conjuguent régulièrement. |

Il y a un grand nombre d'autres verbes irréguliers, mais comme ils se conjuguent régulièrement suivant leurs temps primitifs, ils n'offrent pas plus de difficultés que s'ils étaient réguliers, tels sont les suivants :

# TEMPS PRIMITIFS

De quelques verbes irréguliers qui se conjuguent selon leurs temps primitifs.

| PRÉSENT DE L'INFINITIF. | PRÉSENT DU PARTICIPE. | PASSÉ DU PARTICIPE. | PRÉSENT DE L'INDICATIF. | PASSÉ DÉFINI. |
|---|---|---|---|---|
| Bouillir. | Bouillant. | Bouilli. | Je bous. | Je bouillis. |
| Dormir. | Dormant. | Dormi. | Je dors. | Je dormis. |
| Finir. | Finissant. | Fini. | Je finis. | Je finis. |
| Mentir. | Mentant. | Menti. | Je mens. | Je mentis. |
| Offrir. | Offrant. | Offert. | J'offre. | J'offris. |
| Ouvrir. | Ouvrant. | Ouvert. | J'ouvre. | J'ouvris. |
| Punir. | Punissant. | Puni. | Je punis. | Je punis. |
| Partir. | Partant. | Parti. | Je pars. | Je partis. |
| Sentir. | Sentant. | Senti. | Je sens. | Je sentis. |
| Pourvoir. | Pourvoyant. | Pourvu. | Je pourvois. | Je pourvus. |
| Absoudre. | Absolvant. | Absous. | J'absous. | .... (1) |
| Battre. | Battant. | Battu. | Je bats. | Je battis. |
| Circoncire. | Circoncisant. | Circoncis. | Je circoncis. | Je circoncis. |
| Conclure. | Concluant. | Conclu. | Je conclus. | Je conclus. |
| Confire. | Confisant. | Confit. | Je confis. | Je confis. |
| Coudre. | Cousant. | Cousu. | Je couds. | Je cousis. |
| Croire. | Croyant. | Cru. | Je crois. | Je crus. |
| Croître. | Croissant. | Crû. | Je croîs. | Je crûs. |
| Ecrire. | Ecrivant. | Ecrit. | J'écris. | J'écrivis. |
| Exclure. | Excluant. | Exclus. | J'exclus. | J'exclus. |
| Joindre. | Joignant. | Joint. | Je joins. | Je joignis. |
| Lire. | Lisant. | Lu. | Je lis. | Je lus. |
| Luire. | Luisant. | Lui. | Je luis. | .... (1) |
| Maudire. | Maudissant. | Maudit. | Je maudis. | Je maudis. |
| Mettre. | Mettant. | Mis. | Je mets. | Je mis. |
| Moudre. | Moulant. | Moulu. | Je mouds. | Je moulus. |
| Naître. | Naissant. | Né. | Je nais. | Je naquis. |
| Nuire. | Nuisant. | Nui. | Je nuis. | Je nuisis. |
| Résoudre. | Résolvant. | Résous. / Résolu. | Je résous. | Je résolus. |
| Répondre. | Répondant. | Répondu. | Je réponds. | Je répondis. |
| Rire. | Riant. | Ri. | Je ris. | Je ris. |
| Rompre. | Rompant. | Rompu. | Je romps. | Je rompis. |
| Suffire. | Suffisant. | Suffi. | Je suffis. | Je suffis. |
| Suivre. | Suivant. | Suivi. | Je suis. | Je suivis. |
| Taire. | Taisant. | Tu. | Je tais. | Je tus. |
| Traire. | Trayant. | Trait. | Je trais. | .... (1) |
| Vivre. | Vivant. | Vécu. | Je vis. | Je vécus. |

(1) Les verbes défectifs qui n'ont pas de passé défini ne présentent aucune difficulté pour le langage, puisqu'on peut toujours remplacer ce temps par le passé indéfini. Ainsi, au lieu de dire comme M. Darbois : *nous trayâmes nos vaches*, on peut dire : *nous avons trait nos vaches*.

*Questions.* 151. Quels sont les temps primitifs du verbe aller? Du verbe envoyer? Du verbe acquérir? Du verbe courir? etc., etc. Du verbe montrer? Du verbe battre? Du verbe écrire? Du verbe offrir? Du verbe circoncire? Du verbe coudre? etc., etc.

### 1er EXERCICE. Composition.

Donner un verbe irrégulier à conjuguer.

### 2e EXERCICE.

Analysez les phrases suivantes :
*Noé cultiva la terre, planta la vigne, but du vin; ignorant sa force, il s'enivra.*

### 3e EXERCICE.

Analysez les choses représentées par les mots suivants :
*Mer, lac, étang, mare, villageois, bourgeois, Paris, France, Europe, la terre, le soleil, la lune.*

## 27e ENTRETIEN.

#### Du Complément des Verbes.

**152.** On appelle *complément* des verbes le mot qui complète l'idée exprimée par ce verbe.

Si je vous dis : *Que faites-vous là?* et que vous me répondiez : *nous écrivons*, votre réponse me donne simplement une idée de l'action que vous faites : je sais que vous faites agir une plume qui trace des caractères sur le papier, mais j'ignore ce que vous écrivez. Est-ce un thème, un verbe, une narration? Vous voyez que l'idée que j'ai de l'action exprimée par le verbe *nous écrivons* n'est pas complète; le mot qui doit la compléter se nomme complément. Si vous me répondez : *nous écrivons des lettres*, alors je sais ce que vous écrivez; ce mot *lettres*, ajoutant à l'idée d'écrire un complément immédiatement nécessaire, est ce qu'on appelle en grammaire un *complément direct*. Cependant mon esprit n'est pas encore satisfait : *vous écrivez des lettres*, c'est fort bien, ces lettres doivent être envoyées à quelqu'un dont vous êtes séparés, et je ne sais pas encore à qui elles doivent l'être : Si à la question *que faites-vous là?* vous me répondez *nous écrivons des* LETTRES *à nos* PARENTS, je n'ai plus rien à vous demander, attendu que les mots *à nos parents* achèvent de compléter la pensée contenue dans ceux-ci : *nous écrivons des* LETTRES. Les mots *à nos parents* forment ce qu'on appelle un *complément indirect*.

153. Il y a deux sortes de compléments : le complément direct et le complément indirect.

154. Le complément direct est celui qui reçoit directement l'action exprimée par le verbe.

*Je mange une* POMME. *Vous étudierez votre* LEÇON. *Pomme et leçon* sont les compléments directs des verbes *mange et étudierez*.

155. Le complément direct répond à la question faite après le verbe à l'aide des pronoms interrogatifs, *qui* pour les personnes, *quoi* pour les choses.

Dans la phrase ci-dessus, si vous dites : *je mange*, on peut vous demander *quoi* ; vous répondrez *une pomme*.

156. Le complément indirect est celui qui reçoit indirectement l'action exprimée par le verbe.

*J'ai donné des* DEVOIRS *aux* ÉLÈVES.

Dans cette phrase, *devoirs* est le complément direct du verbe *j'ai donné*, et *élèves* en est le complément indirect.

157. Le complément indirect répond à la ques-

tion faite à l'aide des mots, *à qui, de qui,* pour les personnes; *à quoi, de quoi,* etc., pour les choses. Dans l'exemple précité : *j'ai donné,* quoi ? *des devoirs.* A qui ? *aux élèves. Des devoirs,* complément direct; *aux élèves,* complément indirect.

**158.** Le complément indirect est toujours séparé du verbe par une préposition.

**159.** Le complément indirect d'un verbe est en même temps complément de la préposition qui le sépare du verbe.

Un verbe peut avoir pour complément un ou plusieurs mots, une phrase, et même un discours tout entier.

*Donnez-moi votre* LIVRE. Le mot *livre* seulement est complément direct du verbe *donnez. Avez-vous fait* CE QUE JE VOUS AI COMMANDÉ? *Ce que je vous ai commandé* est le complément direct du verbe *avez-vous fait.*

*Dieu dit :* QUE LA TERRE PRODUISE DE L'HERBE VERTE, QUI PRODUISE DE LA GRAINE ET DES ARBRES FRUITIERS, QUI PORTENT DES FRUITS CHACUN SELON SON ESPÈCE, ET QUI RENFERMENT LEUR SEMENCE EN EUX-MÊMES POUR SE REPRODUIRE.

Il est évident que le petit discours : *que la terre produise,* etc., est le complément direct du verbe *dit,* dont *Dieu* est le sujet.

—

*Questions.* **152.** Qu'appelle-t-on complément d'un verbe ? **153.** Combien y a-t-il de sortes de compléments ? **154.** Qu'est-ce que le complément direct ? Un exemple ? **155.** A quelle question répond le complément direct ? **156.** Qu'est-ce que le complément indirect ? Un exemple ? **157.** A quelle question répond le complément indirect ?

158. Le complément indirect suit-il immédiatement le verbe? 159. Le complément indirect d'un verbe n'est-il pas en même temps complément direct d'un autre mot? Le complément direct d'un verbe doit-il être un seul ou plusieurs mots?

## 28ᵉ ENTRETIEN.
### Division des Verbes d'Action.

160. Les verbes d'action se divisent en *verbes transitifs* et en *verbes intransitifs*.

161. On appelle transitifs les verbes dont l'action sortant du sujet s'exerce sans intermédiaire sur un complément direct.

*J'adore Dieu* : *Dieu* étant complément direct du verbe *adore*, ce verbe est transitif.

162. On appelle intransitifs ceux dont l'action ne s'exerce pas sur un complément ou ne s'exerce qu'indirectement par l'intermédiaire d'une préposition ; alors le complément est indirect :

*Je dors ; tu sortais ; il part* pour Paris.

163. Il y a des verbes intransitifs qui peuvent avoir un complément indirect.

*Je sors* de l'église, *je vais* a Rome, *vous tenez* a lui, *nous travaillons pour* l'amour de Dieu.

164. Un verbe transitif, lorsqu'il est employé d'une manière vague, peut devenir intransitif :

*Dans les séminaires, un élève* lit *pendant que les autres* mangent.

*Lit* et *mangent* dans ce cas sont intransitifs.

Si l'on disait : *Un élève* LIT *une histoire édifiante pendant que les autres* MANGENT *le potage*, les deux mêmes verbes seraient transitifs.

165. Il y a des verbes intransitifs qui peuvent devenir transitifs ; tels sont : *monter, descendre, parler*, etc.

On dira intransitivement : *montez avec moi ; descendons ensemble ; sortons d'ici ; cette petite fille commence à parler.*

On dira transitivement : *monter du bois ; descendez ces bouteilles à la cave ; cet étranger parle bien la langue française.*

---

160. Comment se divisent les verbes d'action ? 161. Qu'est-ce qu'un verbe transitif ? Un exemple ? 162 ? Qu'est-ce qu'un verbe intransitif ? Un exemple ? 163. Les verbes intransitifs peuvent-ils avoir un complément indirect ? Un exemple ? 164. Un verbe transitif peut-il devenir intransitif ? Exemple ? 165. Avons-nous des verbes intransitifs qui deviennent transitifs ? Exemple ?

### 1er EXERCICE.

Conjuguez tous les temps d'un verbe avec complément direct, en changeant à chaque personne de verbe et de complément.

### EXEMPLE.

INFINITIF

PRÉSENT.

Chanter *un psaume.*

PASSÉ.

Avoir *compté une somme.*

| | |
|---|---|
| **PARTICIPE** | Tu plains *les malheureux.* |
| PRÉSENT. | Il suit *son maître.* |
| Corrigeant *un devoir.* | Nous écoutons *le professeur.* |
| PASSÉ. | |
| Consolé (1) | Vous suivez *son exemple.* |
| PASSÉ COMPOSÉ. | Ils savent *leurs leçons.* |
| Ayant *fini ma page.* | IMPARFAIT. |
| INDICATIF | J'habitais *ma maison.* |
| PRÉSENT. | Tu possédais *des richesses.* |
| Je crains *Dieu.* | Il gardait *des moutons,* etc. |

## 29ᵉ ENTRETIEN.

### DU MODE PARTICIPE.

Ce mode s'appelle ainsi parce que le verbe employé à ses temps joue simultanément deux rôles dans le discours, celui d'adjectif et celui de verbe ; il participe donc de l'un et de l'autre : en un mot, il a deux natures, la nature adjective et la nature active.

### DU PRÉSENT DU PARTICIPE.

166. Le présent du participe a ceci de très remarquable qu'il est toujours terminé par *ant* pour tous les verbes des quatre conjugaisons, et est toujours invariable, c'est-à-dire qu'il n'a ni genre ni nombre.

---

(1) Le passé du participe ne peut avoir de complément que lorsqu'il est accompagné d'un des temps du verbe *être* ou du verbe *avoir,* comme : *j'ai consolé des affligés ; ils se sont montrés prudents.*

167. Le présent du participe ajoute au mot qu'il modifie l'idée d'une action présente par rapport à une autre époque. Ex. :

*Télémaque était actif, prévoyant, attentif aux besoins les plus éloignés,* ARRANGEANT *toutes choses à propos, et* N'EMBARRASSANT *point les autres ;* EXCUSANT *les fautes,* RÉPARANT *les mécomptes,* PRÉVENANT *les difficultés, ne* DEMANDANT *rien à personne,* INSPIRANT *partout la liberté et la confiance.*

168. Il faut bien distinguer le présent du participe de l'adjectif verbal, qui se termine aussi par *ant;* celui-ci, n'exprimant que l'état habituel ou prolongé d'un nom ou sa manière d'être, ne peut avoir de complément ; tandis que celui-là, exprimant une action, en a, ou peut en avoir un.

Dans la phrase précitée, *prévoyant* est un adjectif parce qu'il marque l'état habituel de *Télémaque,* et *arrangeant, embarrassant, excusant, réparant, prévenant, demandant, inspirant,* sont autant de verbes au présent du participe parce qu'ils expriment chacun une action faite par *Télémaque,* et qu'ils ont chacun un complément soit direct soit indirect.

—

*Questions.* 166. Que remarque-t-on sur le présent du participe ? 167. A quoi sert ce temps ? 168. Quelle différence y a-t-il entre le présent du participe et l'adjectif verbal terminé par ant ?

### 1er EXERCICE.

Ecrivez en français le *Confiteor,* et soulignez une fois les compléments directs, et deux fois les compléments indirects.

PRATIQUE.

### 2ᵉ EXERCICE.

Analysez les phrases suivantes, et faites connaître les compléments des verbes :

*J'ai récité une leçon. Vous avez mangé une bonne pomme. Ils chanteront une jolie romance. Paul a fini les devoirs que le maître lui a donnés.*

## 30ᵉ ENTRETIEN.

#### Du Passé du Participe.

169. Le passé du participe a plusieurs terminaisons, et est tantôt variable, tantôt invariable : il exprime toujours, avec le verbe qui l'accompagne, une action passée. Ex. :

*J'ai mangé. Tu avais parlé. Il aurait puni le paresseux.*

170. Lorsque le passé du participe n'est accompagné d'aucun verbe, il est considéré comme adjectif ; il est par conséquent toujours variable, c'est-à-dire qu'il prend le genre et le nombre du nom auquel il se rapporte. Ex. :

*Un roi* AIMÉ *de ses peuples. Une reine* AIMÉE *de ses peuples. Des princes* AIMÉS *des soldats. Des princesses* AIMÉES *de tout le monde.*

Remarquez bien : *Aimé* est du masculin et au singulier, parce que *roi* est du masculin et au singulier. *Aimée* est du féminin et au singulier parce que *reine* est du féminin et au singulier. *Aimés* est au masculin et au pluriel parce que *princes* est au masculin et au pluriel. *Aimées* est au féminin et au pluriel parce que *princesses* est au féminin et au pluriel.

**171.** Lorsque le passé du participe est précédé d'un des temps du verbe *être* et que ce verbe n'est pas employé pour *avoir*, il est encore considéré comme adjectif, et il s'accorde en genre et en nombre avec le sujet du verbe. Ex. :

*Je suis estimé. Tu es puni. Il est aimé. Nous sommes entrés. Vous êtes punis. Ils sont morts.*

Estimé, puni, aimé, sont au singulier et au masculin parce que je, tu, il, leurs sujets, sont au singulier et au masculin. Entrés, punis, morts, sont au pluriel et au masculin parce que nous, vous, ils, leurs sujets, sont au pluriel et au masculin.
*Elle est contrariée. Cette dame est partie. Elles sont réunies. Ces demoiselles sont punies.*
Contrariée et partie sont au féminin et au singulier parce que elle et dame sont au féminin et au singulier. Réunies et punies sont au féminin et au pluriel, parce que elles et demoiselles sont au féminin et au pluriel.

**172.** Le sujet est quelquefois après le verbe, mais cela ne change rien à l'accord du passé du participe. Ex. :

DESCENDU *au bas de la montagne, il trouva une source d'eau limpide.* ARRIVÉE *à la ville avant moi, elle a pu faire ses commissions.* RETENUS *à la campagne, ces messieurs n'ont pu venir plus tôt.* AIMÉES, CHÉRIES *de leurs enfants, ces mères sont heureuses.*

**173.** Le passé du participe employé avec un des temps du verbe *avoir*, exprimé ou sous-entendu, est invariable lorsqu'il est suivi de son complément direct, ou qu'il n'en a pas. Ex. :

*J'ai mangé une* POMME. *Vous avez fini votre* OUVRAGE. *Il a su sa* LEÇON. *Nous avons vu de* BELLES FLEURS. *J'ai dormi. Vous avez couru. Ils ont bu.*

*Mangé, fini, su, vu*, sont invariables parce qu'ils sont suivis de leurs compléments directs ; et *dormi, couru, bu*, sont aussi invariables parce qu'ils n'ont pas de complément direct.

**174.** Le passé du participe est variable et prend le genre et le nombre de son complément direct lorsque ce complément se trouve avant le verbe. Ex.:

*Les difficultés que nous avons* VAINCUES *avaient rebuté plusieurs personnes.*

**175.** Les règles de variabilité et d'invariabilité pour le passé du participe se réduisent donc à trois : 1° Seul ou accompagné du verbe d'existence *être*, il prend le genre et le nombre du *nom* ou du pronom auquel il se rapporte ; 2° Accompagné du verbe *avoir*, et suivi de son complément direct, ou s'il n'en a pas, il est toujours invariable ; 3° Accompagné du verbe *avoir*, et précédé de son complément direct, il est toujours variable, et prend le genre et le nombre de ce complément.

La difficulté est de trouver le complément direct dans plusieurs cas. Nous allons en donner quelques exemples :

*Les oiseaux que j'ai* VUS *voler ont été s'abattre dans mon jardin. Je lui ai fait les observations que j'ai* DU. *Les maisons que nous avons* FAIT *bâtir. Ces personnes ne sont pas aussi bien que je l'avais* PENSÉ. *J'ai lu plus de livres que vous n'en avez* VU. *Cet homme m'a* INSULTÉ, *voici la vengeance que j'en ai* TIRÉE. *Le peu d'affection que mon cousin m'a* MONTRÉ *a* FAIT *que je ne lui ai pas* ACCORDÉ. *Le peu de personnes qu'il a* RENCONTRÉES. *Les devoirs que vous avez* CRU *que je ferais* (1).

(Demander aux élèves quelle est le complément de chacun des participes ci-dessus.)

---

*Questions.* 169. Qu'exprime le passé du participe ? 170. Comment considère-t-on le passé du participe qui n'est accompagné d'aucun verbe ? 171. Comment le considère-t-on encore quand il est accompagné d'un des temps du verbe *être* ? 172. Lorsque le sujet du verbe est après le passé du participe, comment ce passé s'accorde-t-il ? 173. Comment s'accorde le passé du participe accompagné du verbe *avoir*, lorsqu'il est suivi de son complément direct, ou qu'il n'en a pas ? 174. Comment s'accorde-t-il lorsqu'il est accompagné du verbe *avoir* et précédé du complément direct ? 175. Résumez les règles d'accord du passé du participe ?

---

(1) Avec les enfants il ne faut jamais anticiper, surtout en grammaire. Il faut les initier aux règles qu'ils ne possèdent pas, petit à petit et successivement comme on ferait pour introduire un liquide dans un vase à étroite embouchure. C'est pourquoi nous leur donnons ici un abrégé des règles de la variabilité et de l'invariabilité des temps du participe avant l'explication et la conjugaison des verbes passifs et des verbes réfléchis. Un élève ne comprendrait pas pourquoi on doit écrire : *ils sont aimés, elles sont aimées,* plutôt qu'*ils sont aimé, elles sont aimée,* si on ne lui a pas fait connaître préalablement l'accord du passé du participe avec son sujet lorsque ce temps se conjugue avec le verbe *être*.

## 1er EXERCICE.

Partagez votre page en deux parties égales, et mettez d'un côté quelques personnes de verbes divers, avec des compléments directs, et de l'autre côté la phrase retournée, c'est-à-dire que du complément de la première vous ferez le sujet de la seconde. Exemple.

| | |
|---|---|
| *J'écoute le professeur.* | *Le professeur est écouté.* |
| *Tu arroses ton jardin.* | *Ton jardin est arrosé.* |
| *Il a récité sa leçon.* | *La leçon a été récitée.* |
| *Pierre aurait corrigé Paul* | *Paul aurait été corrigé.* |
| *Nous finirons nos devoirs.* | *Nos devoirs seront finis.* |
| *Ils ont cueilli des fleurs.* | *Des fleurs ont été cueillies,* etc. |

(On pourra suivre l'ordre des temps des verbes en commençant par le présent de l'indicatif. On permettra aux élèves, si cela est nécessaire, de chercher dans un livre des mots verbes à l'aide desquels ils construiront leurs phrases.)

## 2e EXERCICE.

Analysez les phrases suivantes :

*Les fleurs que vous avez cueillies ont été vendues au marché. Les lièvres que ces chasseurs ont tués hier avaient été blessés par d'autres chasseurs quelques jours auparavant.*

## 3e EXERCICE.

Analysez les choses représentées par les mots suivants :

*Instituteur, élève, école primaire, écolier, collége, séminaire, école normale, salle d'asile, pension, pensionnaire.*

## 4e EXERCICE.

Ecrire sous la dictée l'évangile du jour de l'Épiphanie, et souligner une fois les présents du participe et deux fois les passés.

## 31ᵉ ENTRETIEN.

### Des Verbes Passifs.

176. On appelle *verbes passifs*, ceux dont le sujet *souffre* l'action exprimée par le verbe et faite par le complément indirect, exprimé ou sous-entendu. Ex. :

*Je suis aimé. Tu es haï. La maison a été vendue. Nous sommes prévenus. Ils ont été punis.*

On voit qu'un verbe passif n'est autre chose que le verbe *être*, suivi, à chaque personne, du passé du participe d'un verbe transitif qui devient alors un véritable adjectif.

177. Tout verbe transitif, peut devenir passif en ajoutant le passé de son participe à chaque personne de tous les temps du verbe *être*. Ex. :

*Nous adorons Dieu. Dieu est adoré de nous. J'aime mes parents. Mes parents sont aimés de moi. Tu as écrit cette lettre. Cette lettre a été écrite par toi.*

Remarquez bien que le sujet et le complément du verbe transitif changent de rôle dans le verbe passif : le sujet devient complément indirect et le complément direct devient sujet.

### Des Verbes Intransitifs et des Verbes Réfléchis.

178. On appelle verbe intransitif celui qui n'a pas de complément direct, comme *aller, nager, courir, dormir, suffire*, etc. Les verbes intransitifs se conjuguent dans les temps composés, les uns avec

*avoir* comme : *j'ai dormi, tu as régné, vous avez nagé*, etc. Et les autres avec le verbe *être* comme : *je suis allé, il est décédé, nous étions arrivés, vous seriez parvenus*, etc.

179. On appelle *verbes réfléchis* ceux qui se conjuguent avec deux pronoms de la même personne, et dont l'un est sujet du verbe, et l'autre, complément direct ou indirect, comme :

*Je me promène. Tu te loues. Il se flatte. Nous nous plaisons. Vous vous suffisez. Ils se succèdent.*

C'est comme si l'on disait :

*Je promène moi. Tu loues toi. Il flatte soi, lui. Nous parlons à nous. Vous suffisez à vous. Ils succèdent à eux.*

Dans les trois premiers verbes le complément est direct; dans les trois autres il est indirect. A la troisième personne, le sujet pouvant être un nom, il n'apparait qu'un pronom. Exemple : *Cet enfant se trompe. Pierre et Paul se promènent.*

180. Lorsque dans un verbe réfléchi un des pronoms est complément direct, ce verbe est transitif; lorsqu'il est complément indirect, le verbe est intransitif.

Cette distinction est fort importante pour l'accord du passé du participe dans les temps composés, comme nous le verrons plus tard.

On doit écrire de cette manière :

*Ils se sont flattés et ils se sont succédé.*

Remarquez qu'au mot *flattés* il faut un *s* à la fin, et qu'au mot *succédé* il n'en faut pas, bien que les mots qui précèdent soient absolument les mêmes. Cela vient de ce que *ils se sont flattés* équivaut à *ils ont flattés eux ; eux* est complément direct. *Ils se sont succédé* équivaut à *ils ont succédé à eux ; à eux* est complément indirect.

---

*Questions.* 176. Qu'appelle-t-on verbes passifs? 177. Tout verbe transitif peut-il devenir passif? 178. Qu'appelle-t-on verbe neutre ? Comment se conjugue un verbe neutre dans ses temps composés ? 179. Qu'appelle-t-on verbes réfléchis ? 180. Quand le verbe réfléchi est-il transitif ? Quand est-il intransitif ?

### 1er EXERCICE.

Conjuguez les verbes intransitifs *courir, arriver*.

### 2e EXERCICE.

Conjuguez le verbe passif *être puni*. (Le verbe passif n'est autre chose que le verbe d'existence *être* auquel on joint le passé du participe d'un verbe transitif.)

## 32e ENTRETIEN.

#### Diverses espèces de Verbes Réfléchis.

181. Il y a plusieurs espèces de verbes réfléchis: 1° Le réfléchi direct. 2° Le réfléchi indirect. 3° Le réfléchi essentiel. 4° Le réfléchi accidentel. 5° Le réfléchi réciproque.

182. *Le verbe réfléchi direct* est celui qui a pour complément direct un des deux pronoms avec lesquels il se conjugue. Ex. :

*Il se vante.*

Le pronom *se* est complément direct du verbe *vante* ; c'est comme s'il y avait : *il vante lui.*

183. Le verbe *réfléchi indirect* est celui qui a pour complément indirect un des deux pronoms avec lesquels il se conjugue. Ex. :

*Nous nous plaisons.*

Cela veut dire : *nous plaisons à nous.* Le deuxième pronom *nous* est donc complément indirect du verbe *plaisons.*

184. Le verbe *réfléchi essentiel* est celui qui ne peut en aucune circonstance, se conjuguer sans deux pronoms.

*Je me repens. Tu te souviens. Il s'empare. Nous nous abstenons.*

On ne pourrait pas dire :

*Je repens. Tu souviens. Il empare. Nous abstenons.*

185. Le verbe *réfléchi accidentel* est celui qui peut se conjuguer avec un seul pronom. Ex. :

*Tu te loues. Vous vous flattez.*

On peut bien dire :

*Tu loues. Vous flattez.* Ces deux verbes réfléchis accidentels, sont en même temps *réfléchis directs.*

186. Le verbe *réfléchi réciproque* est celui qui exprime une action faite par plusieurs sujets qui agissent les uns sur les autres. Ex. :

*Ils se sont battus et ils se sont blessés.*

**187.** Il y a encore une autre espèce de *verbe réfléchi* qui ne s'emploie qu'à la troisième personne, soit au singulier, soit au pluriel, et qui n'exprime ni l'action du sujet véritable sur lui-même, ni une action faite par le sujet apparent (1). Ex.:

*Cette maison s'est vendue cher.*

### VERBE UNIPERSONNEL.

**188.** Le verbe unipersonnel est celui qui ne s'emploie qu'à la troisième personne du singulier et qui a toujours pour sujet le pronom *il*, qui, dans ce cas, est plutôt indéfini que personnel et n'est que le sujet apparent du verbe Ex.:

*Il pleut. Il tonne. Il faut. Il importe.*

Tous ces verbes sont unipersonnels, car on ne peut pas dire : *je pleux, tu faux, nous importons.* Le pronom *il* ne fait pas l'action exprimée par ces verbes ; donc il n'est que le sujet apparent.

Le verbe *être*, le verbe *avoir*, quelques verbes transitifs et quelques verbes intransitifs peuvent devenir unipersonnels. Ex. :

*Il est arrivé un accident. Il fait beau temps. Il n'y a qu'un Dieu.*

Quelques verbes unipersonnels peuvent être employés au figuré, et dans ce cas la troisième personne du singulier n'est

---

(1) Je dis apparent parce que dans cette phrase : *Cette maison s'est vendue*, ce n'est certainement pas *la maison* qui a fait l'action de vendre, donc ce mot n'est que sujet apparent.

pas exclusive. Ainsi en parlant d'un prédicateur ou d'un orateur, on peut dire : *Vous tonnez contre les vices, contre les abus.*

---

*Questions.* 181. Combien y a-t-il d'espèces de verbes réfléchis ? 182. Qu'est-ce que le verbe réfléchi direct ? 183. Qu'est-ce que le verbe réfléchi indirect ? 184. Qu'est-ce que le verbe réfléchi essentiel ? 185. Qu'est-ce que le verbe réfléchi accidentel ? 186. Qu'est-ce que le verbe réfléchi réciproque ? 187. N'y a-t-il pas encore une autre espèce de verbe réfléchi ? 188. Qu'est-ce que le verbe unipersonnel ?

### 1er EXERCICE.

Conjuguez le verbe réfléchi *se louer*. (Les temps composés se conjuguent avec le verbe *être*).

### 2e EXERCICE.

Conjuguez les verbes unipersonnels *pleuvoir* et *neiger*.

## 33e ENTRETIEN.

### De l'adverbe. 6e Partie du Discours.

189. L'adverbe est un mot invariable que l'on joint à un *verbe*, ou à un *adjectif*, ou même à *un adverbe* pour en modifier la signication, Ex.:

*Je suis* BIEN *content de cet élève ; il travaille* TRÈS BIEN *; il se conduit* CONVENABLEMENT.

Le mot BIEN est un adverbe modifiant le sens de l'adjectif *content*; le mot TRÈS est un adverbe parce qu'il modifie le sens de l'adverbe *bien;* et les deux mots TRÈS BIEN sont ensemble un adverbe modifiant le sens du verbe *travaille.* CONVENABLEMENT est un adverbe parce qu'il modifie le sens du verbe *comporte.*

Il y a plusieurs espèces d'adverbes :

1° Les adverbes de manière : *agréablement, bonnement, déraisonnablement, éminemment, fortement, grandement, hautement,* etc., *bien, mal, vite,* etc.

2° Les adverbes de temps : *aujourd'hui, autrefois, alors, aussitôt, bientôt, demain, désormais, hier, jamais, jadis, tôt, tard,* etc.

3° Les adverbes de lieu : *alentour, ailleurs, dedans, dessous, dessus, dehors, ici, là, partout,* etc.

4° Les adverbes de quantité : *autant, beaucoup, combien, davantage, moins, si, peu, trop, tant, tout,* etc.

5° Les adverbes de comparaison : *aussi, comme, de même, moins, mieux, plus,* etc.

6° Les adverbes d'ordre : *d'abord, ensuite, premièrement, deuxièmement, troisièmement,* etc.

7° Enfin les adverbes d'affirmation et de négation : *certes, certainement, oui, non, pas, point, ne..... pas, ne....point, nullement, jamais,* etc.

190. L'adverbe, tout en modifiant le sens des mots auxquels on le joint, devient complément de ces mots. Exemple : *Cet enfant mange* PEU, *travaille* BEAUCOUP, *et dort* BIEN.

*Peu, beaucoup, bien,* complètent les idées exprimées par les verbes *mange, travaille, dort ;* donc ils sont compléments de ces verbes.

191. La plupart des adverbes de manière terminés par *ment* sont dérivés des adjectifs qui ont la même signification. Ex.: *Cette jeune personne chante* AGRÉABLEMENT *est la même* chose que, *cette jeune personne chante d'une manière* AGRÉABLE.

### ADJECTIFS AUXQUELS IL SUFFIT D'AJOUTER *ment* POUR FAIRE DES ADVERBES.

| | | | |
|---|---|---|---|
| Avantageuse | ment. | Juste | ment. |
| Bonne | ment. | Lente | ment. |
| Certaine | ment. | Malheureuse | ment. |
| Douce | ment. | Naturelle | ment. |
| Entière | ment. | Orgueilleuse | ment. |
| Forte | ment. | Perpendiculaire | ment. |
| Grande | ment. | Rigoureuse | ment. |
| Haute | ment. | Sainte | ment. |
| Intérieure | ment. | Triste | ment. |
| Universelle | ment. | Véritable | ment. |

192. Quelques adjectifs peuvent devenir adverbes et, dans ce cas, ils sont invariables; tels sont, *bon, chaud, cher, droit, dur, faux, juste,* etc.

*Voilà un mets qui sent* BON.

*Nous avons mangé trop* FROID *ce matin, et ce soir nous mangerons trop* CHAUD.

*Ces étoffes ont été vendues* CHER.

*Il faut qu'il marche* DROIT.

*Ce vieillard entend* DUR.

*Ces jeunes gens chantent* FAUX, *et ces dames chantent* JUSTE.

193. Lorsque plusieurs mots font les fonctions d'un adverbe, on appelle ces mots *locutions* ou *expressions adverbiales*, comme: *à tort et à travers, à peu près, peut-être, sur-le-champ, tour-à-tour,* etc.

*Il parle* A TORT ET A TRAVERS.

*Son devoir, il l'a fait* A PEU PRÈS.

*Il ira* PEUT-ÊTRE.

*Faites cela* SUR-LE-CHAMP.
*Ils parlent* TOUR-A-TOUR.

### DE LA PRÉPOSITION. — 6° PARTIE DU DISCOURS.

**194.** La préposition est un mot invariable qui sert à marquer un rapport entre deux mots.

*Paul va* A *Paris. Ces dames sortent* DE *l'église.*

La préposition *à* sert à marquer le rapport, la liaison qui existe entre *Paul* et *Paris*. La préposition *de* sert à marquer le rapport, la liaison qui existe entre *sortent* et *église*.

**195.** La préposition ne signifie rien par elle-même, mais elle annonce toujours la relation qui existe entre ce qui la précède et son complément qui la suit.

**196.** Les prépositions expriment les rapports de but, de cause, d'exclusion, de démonstration, de lieu, de moyen, d'opposition, d'ordre, de séparation, de temps.

*A, de, sur*, marquent la place, le lieu.
*Aller à Rome. Sortir* DE *la ville. Mettre son chapeau* SUR *sa tête.*
*A, de*, peuvent aussi marquer le temps et l'ordre.
*A demain* A *neuf heures. Je serai le premier* DE *tous.*
*Avec*, marque l'union.
*Venez* AVEC *vos enfants. Il est parti* AVEC *son frère.*
*Voici, voilà*, indiquent l'objet dont on parle.
VOICI *mon livre, et* VOILA *le vôtre.*
*Excepté*, indique l'exception, l'exclusion, la séparation.
*Il aime tout*, EXCEPTÉ *une chose. Vous irez tous à la promenade*, EXCEPTÉ *Eugène, qui n'a pas su sa leçon.*
*Contre*, indique l'opposition.

*Cet homme s'est révolté* CONTRE *les gendarmes.*

*Envers, sur,* marquent le but.

*Cette personne est charitable* ENVERS *les pauvres. Ce jeune homme est savant, il raisonne* SUR *tout.*

*Par,* indique la cause, le moyen.

*Cet homme endurci s'est laissé fléchir* PAR *l'exhortation du prêtre.*

## TABLEAU DES PRÉPOSITIONS.

*A, après, attendu, avant, avec.*
*Chez, contre.*
*Dans, de, depuis, derrière, dès, devant, durant.*
*Hormis, hors.*
*Malgré, moyennant.*
*Nonobstant.*
*Outre.*
*Par, parmi, pendant, pour.*
*Quant à.*
*Sans, sauf, selon, sous, souvent, sur.*
*Touchant.*
*Vers, vis-à-vis, voici, voilà, vu.*

197. On appelle *locutions* ou *expressions prépositives* plusieurs mots qui jouent ensemble le rôle de la préposition ; telles sont : *au-devant de, au-dessus de, en dehors de, eu égard à, jusqu'à, par rapport à, près de,* etc.

---

*Questions.* 189. Qu'est-ce que l'adverbe ? 190. Que remarque-t-on sur l'adverbe ? 191. De quoi sont dérivés les adverbes de manière terminés par *ment* ? 192. N'y a-t-il pas des adjectifs qui peuvent devenir adverbes ? 193. Qu'appelle-t-on locutions adverbiales ? 194. Qu'est-ce que la préposition ? 195. Qu'exprime une préposition ? 196. Quels sont les différents rapports qu'expriment les prépositions? 197. Qu'appelle-t-on locutions ou expressions prépositives ?

### 1er EXERCICE.

Donner à chercher les *prépositions* et les *adverbes* qui se trouvent dans un morceau de prose ou de poésie quelconque. (Les élèves partageront leur page en deux, et écriront d'un côté les adverbes, et de l'autre les prépositions).

### 2e EXERCICE.

Analysez les phrases suivantes :

*En créant l'homme, Dieu forma son corps de terre ; il y mit une âme faite à son image, à sa ressemblance, capable de la connaître, de l'aimer. Le démon, caché sous la forme d'un serpent, jaloux du bonheur de l'homme, s'approcha d'Ève, lui persuada de manger du fruit défendu.*

### 3e EXERCICE.

Analysez les choses représentées par les noms qui se trouvent dans les phrases précitées.

## 34e ENTRETIEN.

DE LA CONJONCTION. — 8° PARTIE DU DISCOURS.

**198.** La conjonction est un mot invariable qui sert à joindre, à lier les mots d'une phrase et les phrases entre elles.

Elle exprime :
1° La cause : *car, puisque.*
2° La condition : *si.*
3° La conséquence : *ainsi, aussi, donc.*
4° La distinction : *ou, soit, sinon.*
5° L'explication : *comme, savoir.*
6° L'opposition : *cependant, mais, néanmoins, pourtant, quoique.*

7° Le temps : *lorsque, quand.*
8° La transition : *or, puis.*
9° L'union : *et, ni, que.*

**199.** Lorsque plusieurs mots font les fonctions d'une conjonction, on appelle ces mots locutions ou expressions conjonctives.

| Telles sont : | Afin que. | De crainte que. |
|---|---|---|
| A moins que. | Avant que. | De même que. |
| Au cas que. | Bien que. | En cas que. |
| Au contraire. | C'est pourquoi. | En outre. |
| Au reste. | Dès que. | Encore que. |
| Au surplus. | De peur que. | Jusqu'à ce que. |
| Aussitôt que. | D'ailleurs. | Ou bien |
| Attendu que. | De plus. | Parce que. |
| Pourvu que. | Supposé que. | Tandis que. |
| Pour que. | Sans que. | Vu que. |
| Si ce n'est que. | Soit que. | |

### DE L'INTERJECTION. — 9° PARTIE DU DISCOURS.

**200.** L'interjection est un mot invariable qui exprime ordinairement un sentiment vif, un mouvement subit de l'âme ; et ce sentiment, ce mouvement se manifestent au-dehors par des cris de douleur, de joie, de tristesse, d'approbation, de peur, de surprise, d'admiration ou d'aversion ; c'est, en un mot, le résultat verbal et spontané des vives sensations que nous éprouvons.

Voici les interjections les plus usitées:

*Ah! hélas! aïe!* pour marquer la douleur.

**Ah**! *si vous saviez combien je souffre.* **Hélas** ! *mon Dieu, ayez pitié de moi.*

*Ah!* exprime aussi la joie :

**Ah** ! *quel plaisir.*

*Ha! ho!* marquent la surprise :
Ha! *vous voilà!* Ho ! *que me dites-vous là! monsieur.*
*Fi! fi donc!* marquent l'aversion.
*Paix! chut!* marquent le silence.
*Hé bien!* ou *eh bien!* servent à interroger ou à exhorter.
Hé bien! *que faites-vous?* Eh bien! *travaillez donc!*
*O* marque tout à-la-fois l'admiration, la joie, la douleur, l'effroi. L'admiration : ô *reine des cieux!* La joie : ô *jour heureux pour moi!* La douleur : ô *temps désastreux!* L'effroi : ô *nuit horrible!*
*Oh!* marque tantôt la surprise, tantôt l'admiration, tantôt l'affirmation. La surprise : Ho! ho! L'admiration : ho! *que cela est beau!* L'affirmation : ho! *pour cela, oui.*

**201.** Nous avons plusieurs mots qui peuvent devenir interjections, selon les sentiments qui nous affectent au moment où nous les prononçons ; tels sont : *Adieu! Allons! Alerte! Bon! Bonjour! Çà! Ciel! Comment! Courage! Dieu! Ferme! Gare! Monsieur! Madame! Miséricorde! Paix! Peste! Quoi! Silence! Tout beau! Zest!*

Remarquez que l'interjection est toujours suivie d'une sorte de point qu'on appelle *point d'exclamation,* excepté ô.

---

*Questions.* 198. Qu'est-ce que la conjonction ? 199. Qu'appelle-t-on expressions conjonctives ? 200. Qu'est-ce que l'interjection ? 201. N'avons-nous pas des mots, qui ne sont pas habituellement interjections, mais qui peuvent le devenir ?

### 1er EXERCICE.

Cherchez et écrivez tous les mots invariables qui se trouvent dans les deux fables suivantes. (Les faire écrire sous la dictée.)

### L'Enfant et le Chat.

Tout en se promenant un bambin déjeûnait
    De la galette qu'il tenait.
Attiré par l'odeur, un chat vient, le caresse,
Fait le gros dos, tourne et vers lui se dresse.
Oh! le joli minet! Et le marmot charmé
Partage avec celui dont il se croit aimé.
Mais le flatteur à peine obtient ce qu'il désire,
    Qu'au loin il se retire.
Ha! ha! ce n'est pas moi, dit l'enfant consterné,
    Que tu suivais, c'était mon déjeûné.

                      ( GUICHARD.)

### L'Enfant et la Noix.

Fanfan vit une noix dans le fond d'une armoire.
    De ce fruit il était friand ;
    Il s'en empare au même instant,
    Comme il est aisé de le croire.
Mais en cassant la noix, ô fatal accident!
    Mon drôle se casse une dent,
Et la maudite noix se trouve toute noire.

                      ( LE BAILLY.)

### 3e EXERCICE.

Analysez les phrases suivantes :

*O Dieu! faites que je passe le fleuve du Jourdain, ces riches montagnes, ce beau Liban. Oh! le doux, le sublime spectacle! Dieu! qu'il est beau! — Monsieur! vous me rendrez raison!*

### 4e EXERCICE.

Traduisez en prose la fable suivante. (La faire écrire sous la dictée.)

### Le Coq et la Perle.

Un jour, un coq détourna
Une perle qu'il donna
Au beau premier lapidaire.
Je la crois fine, dit-il ;
Mais le moindre grain de mil

Serait bien mieux mon affaire.
Un ignorant hérita
D'un manuscrit qu'il porta
Chez son voisin le libraire.
Je crois, dit-il, qu'il est bon ;
Mais le moindre ducaton
Serait bien mieux mon affaire.

### 5e EXERCICE.

Ecrivez une lettre à un parent éloigné, à l'occasion du jour de l'an.

### 6e EXERCICE.

Lettre d'un enfant en pension, à son père, pour le jour de sa fête, en lui envoyant des échantillons de son travail.

### 7e EXERCICE.

Racontez ce que vous avez fait dimanche dernier.

### 8e EXERCICE.

Analysez grammaticalement la fable *le Coq et la Perle*.

### 9e EXERCICE.

Analysez les choses représentées par les noms qui se trouvent dans cette même fable.

### 10e EXERCICE.

Lire ou faire lire un passage d'*Histoire Sainte*, et le faire résumer par écrit.

(Cet exercice peut se multiplier à l'infini, et s'appliquer à toutes les histoires.)

Nota. Les instituteurs feront bien d'engager leurs élèves à lire souvent dans leur famille quelques ouvrages instructifs et amusants. Je leur indiquerai, comme modèle en ce genre, *le Journal des enfants*, auquel il serait à désirer que chaque école fût abonnée.

De bonnes lectures réfléchies peuvent apprendre aux jeunes gens une foule de choses utiles.

# Deuxième Partie.

## 35ᵉ ENTRETIEN.

Maintenant que vous savez formuler vos pensées, construire des phrases, écrire des lettres, analyser les mots et les choses, il vous reste encore à apprendre l'analyse logique, et à placer convenablement les divers signes de la ponctuation que, jusqu'à présent, vous avez placés au hasard. Pour bien ponctuer un discours, il est essentiel de bien connaitre les différentes propositions dont il se compose : il est donc nécessaire que l'analyse logique précède la ponctuation. Ces deux études feront le sujet de la deuxième partie de nos Entretiens.

### De l'Analyse Logique.

202. Analyser logiquement, c'est décomposer les phrases en diverses propositions et chaque proposition, en ses propres éléments.

203. On nomme *phrase* la réunion de plusieurs mots qui forment un *sens*.

204. Une phrase renferme au moins un *sujet*, et un *verbe* de mode personnel :

*Je travaille. Vous écrivez.*

205. Une phrase peut encore renfermer deux autres parties : le complément direct et le complément indirect.

*Un bon maître corrige les élèves de leurs défauts.*

206. Lorsqu'une phrase comprend plus d'un verbe de mode personnel, on la divise en *propositions*.

## De la Proposition.

**207.** La *proposition* est l'énonciation d'un *jugement*.

**208.** Un *jugement* est une opération de l'esprit qui consiste à lier, à rapprocher, ou à comparer les idées qui peuvent avoir entre-elles des rapports de convenance.

**209.** On appelle *idée* la représentation, ou la vue d'une chose que l'esprit se figure en lui-même.

Les mots sont les signes représentatifs des idées, c'est-à-dire des choses vues avec les yeux de l'esprit ; et c'est en écrivant ou en prononçant les mots que nous communiquons à ceux qui nous lisent ou qui nous écoutent, les idées que nous avons dans l'esprit et les rapports que nous voyons entre elles.

Par exemple : J'ai l'idée de Dieu et de sa justice ; je vois dans mon esprit qu'entre ces idées il y a un rapport de convenance (car la justice convient à Dieu). Dès-lors, je conçois une *pensée*, je forme un *jugement*, et si je veux exprimer cette pensée, ce jugement, je l'énonce par cette proposition : *Dieu est juste.*

Mais remarquez qu'il fallait un mot pour lier ces deux idées en les exprimant : ce mot, c'est le *verbe*, sans lequel on ne peut énoncer aucune proposition.

**210.** La proposition doit avoir trois termes :
Le sujet, l'attribut, le verbe.

**211.** Le *sujet* est *l'être*, l'objet auquel on pense ; c'est l'idée principale d'une proposition.

**212.** *L'attribut* est ce que l'on dit du sujet ; c'est la *qualité* ou la *manière* d'être que l'on attribue au sujet ; c'est l'idée accessoire.

**213.** Le *verbe* est le lien qui unit le sujet à l'attribut ; il sert à marquer l'existence de l'attribut.

*La terre est ronde.*
*Le terre*, sujet, idée principale ; *ronde*, attribut,

idée accessoire; *est*, verbe ou lien, marquant l'existence de l'attribut tout en le liant au sujet.

214. Le sujet de la proposition désignant toujours un être ou un objet, ne peut-être exprimé que par un *nom*, ou un *pronom*, ou un *verbe* au présent de l'infinitif.

*La fortune est fragile.*
*Nous sommes mortels.*
*Mentir (ou le mensonge) est odieux.*

215. L'attribut indiquant toujours une qualité, une propriété, ou une manière d'être du sujet, ne peut être exprimé que par un *adjectif qualificatif*, un *passé* ou un *présent* du participe d'un verbe, un *pronom* ou un *nom qualificatif*.

*L'enfant est léger.*
*Le traité fut conclu.*
*Ce livre est le mien.*
*Napoléon fut empereur.*
*Cet enfant est d'un bon caractère.*

Le verbe *être* marquant simplement l'existence du sujet doit être accompagné d'un autre mot, ou d'une expression qui est l'attribut du sujet comme on le voit dans les exemples précédents.

Mais le verbe d'action renferme en lui-même et le verbe et l'attribut..

*L'enfant dort.*
*Le père travaille.*
*La mère tricotte.*

Voilà trois propositions tout entières. Dans la première *l'enfant* est le sujet, c'est le mot qui désigne *l'être* auquel on pense. Le mot *dort* marque en même temps l'existence de *l'enfant* et sa manière d'être, il équivaut à *est dormant*; *dort* est donc tout à la fois *verbe* et *attribut*. Il en est de même de tous les verbes d'action.

**216.** On appelle *complément* un ou plusieurs mots qui se joignent soit au sujet, soit à l'attribut pour les compléter.

*Napoléon-le-Grand fut empereur des Français.* Le-Grand est le complément du sujet *Napoléon*; *des Français* est le complément de l'attribut *empereur*.

**217.** Lorsque le sujet et l'attribut n'ont point de complément, on dit qu'ils sont *incomplexes*.

*L'hiver est froid.*

**218.** Lorsque le sujet et l'attribut sont accompagnés de complément, on dit qu'ils sont *complexes*.

*Les élèves paresseux seront punis sévèrement.*

**219.** Le sujet est simple, lorsqu'il n'exprime qu'un seul être, ou collectivement plusieurs êtres semblables.

L'attribut est simple, lorsqu'il n'exprime qu'une seule qualité, une seule manière d'être du sujet.

*La fortune est capricieuse.*
*Les Français sont braves.*

**220.** Le sujet est composé, lorsqu'il exprime plusieurs êtres différents auxquels on donne le même attribut.

**221.** L'attribut est composé, lorsqu'il exprime plusieurs qualités ou manières d'être du même sujet.

*Philémon et Baucis étaient simples et vertueux.*

Cette proposition a pour sujet *Philémon et Baucis*, deux *êtres* différents ; et pour attribut, *simples* et *vertueux*, deux qualités que l'on attribue au même sujet. Le sujet et l'attribut sont donc composés.

De cette proposition composée on peut en former quatre dont les sujets et les attributs sont simples.

*Philémon était simple.*
*Philémon était vertueux.*
*Baucis était simple.*
*Baucis était vertueuse.*

On connaîtra donc qu'une proposition est composée lorsqu'on pourra la décomposer en plusieurs propositions simples.

222. Une proposition est *simple* ou *composée*, *complexe* ou *incomplexe*, selon que le sujet ou l'attribut sont *simples* ou *composés*.

Propositions simples et incomplexes.
*Le soleil luit.*
*Les troupeaux paissent.*
Propositions composées et complexes :
*L'enfant et la mère sont joyeux et contents.*
*Les hommes, les animaux et les plantes, naissent, croissent et meurent.*
Proposition composée par son sujet, et complexe par son attribut :
*Les Jeux, les Ris, les Grâces, suivaient partout les innocentes bergères.*
Proposition composée et complexe par son sujet et son attribut :
*Le premier homme et la première femme furent créés innocents, et placés dans un jardin délicieux.*

Les propositions sont affirmatives, ou négatives, ou interrogatives.

223. La proposition est affirmative, lorsque la qualité marquée par l'attribut convient au sujet :
*Dieu est bon.*

224. La proposition est négative, lorsque la qualité marquée par l'attribut ne convient pas au sujet :
*Dieu n'est pas cruel.*

Dans les propositions négatives, le verbe est toujours précédé de la particule *ne*. Les expressions *pas, point, guère, jamais, personne, rien, nul, aucun*, sont généralement employées pour compléter la négation.

**225.** La proposition est interrogative lorsqu'on demande, qu'on s'informe si la qualité marquée par l'attribut convient au sujet :

*Votre mère est-elle malade ?*

**226.** Une proposition peut être négative et interrogative en même temps :

*Vos amis ne viendront-ils pas ?*

**227.** Toute proposition qui forme seule une phrase, un sens complet, est appelée *proposition isolée*. Tous les exemples que nous avons cités jusqu'à présent sont des *propositions isolées*.

—

*Questions.* 202. Qu'est-ce qu'analyser logiquement ? 203. Qu'est-ce qu'une phrase ? 204. Que renferme une phrase ? 205. Que peut-elle encore renfermer ? 206. Comment peut-on diviser une phrase ? 207. Qu'est-ce que la *proposition* ? 208. Qu'appelle-t-on *idée* ? 209. Combien une proposition doit-elle avoir de termes ? 210. Qu'est-ce que le sujet ? 211. Qu'est-ce que l'attribut ? 212. Qu'est-ce que le verbe ? 213. Par quoi est exprimé le sujet ? 214. Par quoi est exprimé l'attribut ? 215. Qu'appelle-t-on complément ? 216. Quand le sujet et l'attribut sont-ils incomplexes ? 217. Quand sont-ils complexes ? 218. Quand le sujet est-il simple ? 219. Quand l'attribut est-il simple ? 220. Quand le sujet est-il composé ? 221. Quand l'attribut est-il composé ? 222. Quand la proposition est elle simple ? Composée ? Complexe ? Incomplexe ? 223. Quand la proposition est-elle affirmative ? 224. Quand est-elle négative ? 225. Quand est-elle interrogative ? 226. Une proposition ne peut-elle pas être négative et interrogative en même temps ? 227. Qu'appelle-t-on proposition isolée ?

PRATIQUE. 135

### 1er EXERCICE.

Analysez logiquement les phrases suivantes :

*Paul est studieux.*
*Pierre est sage et studieux.*
*Paul et Pierre sont sages et studieux.*
*Dieu a fait le monde.*
*Un écolier studieux est aimé de ses maîtres.*
*Les bons instituteurs aiment et récompensent les élèves sages et laborieux.*

Pour la première fois, le maître analysera lui-même quelques phrases, afin de faire voir aux élèves la marche à suivre.

*Paul est studieux.*

*Paul,* sujet simple et incomplexe : simple, parce qu'il est exprimé par un seul nom, et incomplexe parce qu'il n'a point de complément. *Est,* verbe ou lien. *Studieux,* attribut simple et incomplexe : simple, parce qu'il est exprimé par un seul adjectif, et incomplexe parce qu'il n'a point de complément.

*Pierre est sage et studieux.*

*Pierre,* sujet simple et incomplexe, etc. *Est,* verbe. *Sage et studieux,* attribut composé, parce qu'il est exprimé par deux adjectifs ; incomplexe parce qu'il n'a pas de complément.

*Paul et Pierre sont sages et studieux.*

*Paul et Pierre,* sujet composé, parce qu'il est exprimé par deux noms représentant deux êtres ; incomplexe parce qu'il n'a pas de complément.

(Le reste comme dans la phrase précédente.)

*Dieu a fait le monde.*

*Dieu,* sujet simple et incomplexe, etc. *A été,* verbe ; *faisant,* attribut simple et complexe : simple, parce qu'il est exprimé par un seul nom ; complexe, parce qu'il a pour complément *le monde.*

*Un écolier studieux est aimé de ses maîtres.*

*Un écolier,* sujet simple et complexe : simple, parce qu'il est exprimé par un seul nom ; complexe, parce qu'il a pour complément *studieux. Est,* verbe. *Aimé,* attribut simple et complexe : simple, parce qu'il est exprimé par un seul adjectif; complexe, parce qu'il a pour complément *de ses maîtres.*

*Les bons instituteurs aiment et récompensent les élèves sages et laborieux.*

*Les instituteurs*, sujet simple et complexe : simple, parce qu'il est exprimé par un seul nom ; complexe, parce qu'il a pour complément *bons; sont*, verbe ; *aimant et récompensant*, attribut composé et complexe : composé, parce qu'il est exprimé par deux mots au présent du participe ; complexe, parce qu'il a pour complément *les élèves sages et laborieux*.

2ᵉ EXERCICE.

Composez des phrases et analysez-les grammaticalement, et ensuite logiquement.

## 36ᵉ ENTRETIEN.

### Différentes sortes de Propositions.

**228.** On distingue deux sortes de propositions : *la principale* et *l'incidente*.

**229.** Toute proposition qui forme un sens complet, qui exprime la principale idée est une principale.

*Les cieux publient la gloire de Dieu.*

Lorsqu'il y a dans une phrase plusieurs propositions, qui, prises séparément, forment chacune un sens complet, mais qui concourent toutes au développement de la même pensée, elles sont toutes *principales*. La première est appelée *principale absolue*, et les autres *principales relatives*.

*Turenne meurt : tout se confond, la fortune chancelle, la victoire se lasse, la paix s'éloigne, les bonnes intentions des alliés se ralentissent, le courage est abattu par la douleur et ranimé par la vengeance ; tout le camp demeure immobile.*

La première de ces propositions : *Turenne meurt* exprime la pensée principale ; toutes les autres servent à développer ce qui se passa à la mort de Turenne. La première est donc une *principale absolue*, les autres sont des *principales relatives*.

250. La proposition incidente est toujours dépendante d'un des trois termes de la principale, pour en compléter la signification. Dans :

*L'homme qui travaille avec zèle réussit toujours.*

*L'homme réussit toujours* est la principale, et *qui travaille* est l'incidente.

La proposition incidente est déterminative ou explicative.

251. La proposition est déterminative, quand elle est un complément essentiel du mot auquel elle se rapporte, et qu'elle ne peut se supprimer sans changer ou altérer la signification de ce mot.

« *Les plaisirs qui attaquent la vertu sont un poison dangereux.* »

L'incidente, *qui attaque la vertu*, est un complément essentiel du sujet de la principale *les plaisirs* ; elle fait connaître de quels plaisirs on parle ; et si on la supprimait, le sens de la principale ne serait plus vrai : tous les plaisirs ne sont pas un poison. C'est donc une incidente *déterminative*.

252. *L'incidente* est explicative quand le mot dont elle est le complément est pris dans un sens général ou absolu, et qu'elle peut se supprimer sans altérer la signification de ce mot.

*Les cieux dont nous admirons la splendeur, publient la gloire de Dieu.*

Cette proposition, *dont nous admirons la grandeur*, ne change rien à la signification du sujet de la principale *les cieux* : on peut la supprimer sans changer le sens de la principale. *Les cieux publient la gloire de Dieu.*

C'est donc une incidente *explicative*.

233. Quelquefois tous les termes qui constituent une proposition ne sont pas exprimés matériellement et n'existent que dans la pensée ; alors on dit que la proposition est elliptique.

Si nous disons à quelqu'un : *Comment vous portez-vous ?* et qu'on réponde : *Bien. Allez-vous à la promenade ? — Oui. Quand viendrez-vous me voir ? — Demain.*

Ces adverbes *bien, oui, demain,* équivalent aux propositions tout entières suivantes : *Je me porte bien. Je vais à la promenade. J'irai vous voir demain. Bien, oui, demain,* sont donc des propositions *elliptiques*.

Et si je dis à quelqu'un : *lisez,* le sujet *vous* est dans ma pensée ; *vous, soyez lisant.* C'est encore une proposition *elliptique*.

Un geste, un signe, un regard sont souvent des phrases très éloquentes, et si on pouvait les traduire par les signes de l'écriture, ce serait autant de propositions *elliptiques*.

Les conjonctions, ou les locutions conjonctives rendent souvent les propositions elliptiques.

*Les hommes passent comme les fleurs,* c'est-à-dire *comme les fleurs passent. Vous réussirez aussi bien que moi ;* c'est-à-dire *aussi bien que je réussis.*

*Les fleurs. . . . . . moi,* forment deux propositions elliptiques.

234. Les interjections, servant à exprimer les sensations subites de l'âme, renferment en elles-mê-

mes des propositions tout entières.

Si j'appelle quelqu'un par ces mots : *holà, hé !* Ils signifieront : *venez-ici, hâtez-vous.*

Et si je m'écrie : *Hélas ! que deviendrais-je ?* Ce mot *Hélas* veut dire : *Combien je suis malheureux.*

On peut donc considérer les interjections comme autant de propositions que l'on nomme *implicites*, c'est-à-dire qui renferment un sens complet en elles-mêmes.

---

*Questions.* 228. Combien y a-t-il de sortes de propositions ? 229. Qu'est-ce qu'une proposition principale ? 230. Qu'est-ce qu'une incidente ? 231. Qu'est-ce que la proposition déterminative ? 232. Qu'est-ce que l'incidente explicative ? 233. Qu'entend-on par une proposition elliptique ? 234. Les interjections sont-elles des propositions ? Qu'est-ce qu'une proposition implicite ?

### 1er EXERCICE.

Analysez grammaticalement et ensuite logiquement l'évangile du dimanche de la Sainte-Trinité.

### 2e EXERCICE.

Analysez grammaticalement et ensuite logiquement la fable suivante :

#### LE HANNETON.

Un hanneton frappait l'air de son aile ;
La vanité lui monte à la cervelle :
Ce bruit lui plaît ; il bourdonne plus fort.
Est-ce assez ? Non ; toujours nouvel effort.
Mais rencontrant un mur, notre étourdi chancelle,
Tombe et trouve la mort.

(NIOCHE.)

### 3e EXERCICE.

Analysez logiquement l'évangile du jour de l'Assomption.

## 4ᵉ EXERCICE.

**Analysez** logiquement la fable *le Renard et les Raisins*. (On pourra multiplier ces exercices à volonté.)

## 37ᵉ ENTRETIEN

### DE LA PONCTUATION.

**235.** La ponctuation est l'art de *ponctuer*, c'est-à-dire d'indiquer par des signes de convention les différentes pauses que l'on doit faire en lisant. Elle sert aussi à faire distinguer les différentes propositions dont se compose un discours, un écrit.

**236.** Les signes de la ponctuation sont :
1° La virgule (,).
2° Le point-virgule (;).
3° Les deux points (:).
4° Le point final (.).
5° Le point d'exclamation (!)
6° Le point d'interrogation (?)
7° Les points de suspension (.......).
8° Les guillemets (« »).
9° La parenthèse ( ).
10. Le tiret (—).

### DE LA VIRGULE.

**237.** On emploie la virgule :
1° Pour séparer plusieurs noms, plusieurs adjectifs, plusieurs verbes qui se suivent :

Adieu; veau, vache, cochon, couvée.
Le malheureux lion, languissant, triste, morne.
Creusez, bêchez, fouillez, ne laissez nulle place;
Quant à vous, suivez Mars (1), ou l'amour, ou le prince;

---

(1) Lorsqu'il n'y a que deux noms unis par la conjonction, *ou*, *ni*, *et*, on ne met point de virgule si la proposition est de peu d'étendue.

> Allez, venez, demeurez en province ;
> Prenez femme, abbaye, gouvernement ;
> Les gens en parleront, n'en doutez nullement.
>
> (LA FONTAINE.)

2° On se sert de la virgule pour séparer les propositions de même nature, composées de peu de mots :

> Il gémit, il soupire,
> Il se tourmente, il se déchire.
>
> (*Le même.*)

3° Les propositions incidentes explicatives, les mots en apostrophe doivent être entre deux virgules :

> Le juge, instruit de leur malice,
> Leur dit : Je vous connais de longtemps, mes amis,
> Et tous deux vous paierez l'amende.
> Car toi, loup, tu te plains, quoiqu'on ne t'ait rien pris ;
> Et toi, renard, as pris ce que l'on te demande.
>
> (*Le même.*)

4° On met une virgule avant un verbe séparé de son sujet par une proposition incidente déterminative :

*L'élève qui n'étudie pas avec plaisir, ne peut rien apprendre.*

5° La virgule tient quelquefois la place d'un verbe, et quelquefois aussi d'une proposition entière :

*Sans le travail, point de savants, point d'artisans experts, point de cultivateurs habiles, point de civilisation, point de progrès, point de bonheur sur la terre, point de récompense dans le ciel.*

> .......... L'un qui se piquait d'être
> Ccommensal du jardin, l'autre, de la maison.
>
> (LA FONTAINE.)

## Du point-virgule.

**238.** Le point-virgule sert à séparer les propositions semblables ayant une certaine étendue :

Tout bourgeois veut bâtir comme des grands seigneurs;
Tout petit prince a des ambassadeurs ;
Tout marquis veut avoir des pages.
(La Fontaine.)

## Des deux points.

**239.** On met deux points avant une phrase, un discours cité

Le chêne un jour dit au roseau :
Vous avez bien sujet d'accuser la nature : etc.
(*Le même.*)

*En ce temps-là, Jésus dit à ses disciples : Encor un peu de temps*, etc.

**240.** On met aussi deux points après une proposition ayant un sens à peu près complet, mais suivie d'une autre qui l'éclaircit :

Pour un âne enlevé deux voleurs se battaient :
L'un voulait le garder, l'autre le voulait vendre.
(*Le même.*)

*On rendait la justice dans des lieux publics: là chacun plaidait sa cause ; celles des pauvres et des veuves étaient appelées les premières.*
(St.-Ouen.)

## Du point final.

**241.** Le point se met après une phrase entièrement achevée :

Dans ce récit, je prétends faire voir
D'un certain sot la remontrance vaine.
Un jeune enfant dans l'eau se laissa choir,
En badinant sur les bords de la Seine.
Le ciel permit qu'un saule se trouva,
Dont le branchage après Dieu le sauva.
(La Fontaine.)

*Mérovée régna après Clodion. A cette époque la Gaule était divisée entre quatre peuples puissants.* (St.-Ouen.)

#### Du point d'interrogation.

**242.** Le point d'interrogation se place après une proposition interrogative :

*Où allez-vous ? Que faites-vous là ? Qui vous a dit cela ? Qui est là ?*

#### Du point d'exclamation.

**243.** Le point d'exclamation se place après un mot ou une phrase qui peint une sensation vive :

*Ah ! qu'as-tu dit, mon fils ? Rends-moi cet arc ? Je suis trahi !*

*O rivages ! ô promontoires de cette île ! ô bêtes farouches ! ô rochers escarpés ! c'est à vous que je me plains !* (Fénélon).

#### Des points de suspension.

**244.** Ces points se placent après une phrase interrompue, et avant une phrase ou un discours cité dont on retranche le commencement :

...... C'est à cette heure.....
Non, mes enfants, dormez en paix :
Ne bougeons de notre demeure.
(La Fontaine.)

#### Des guillemets.

**245.** Les guillemets se placent au commencement et à la fin d'une citation, et même avant chaque ligne d'une citation :

La Fontaine a dit :

« Ne forçons point notre talent ;
» Nous ne ferions rien avec grâce. »

### De la parenthèse.

**246.** On se sert de la parenthèse pour séparer une proposition explicative presqu'étrangère à la phrase, ou pour renfermer un nom qu'on a besoin de citer :

> Notre aigle aperçut d'aventure,
> Dans les coins d'une roche dure,
> Ou dans les trous d'une masure,
> (Je ne sais pas lequel des deux)
> De petits monstres fort hideux
>
> (La Fontaine.)

**247.** On emploie le tiret pour annoncer le changement d'interlocuteur dans une conversation :

> N'y suis-je point encore ? — Nenni. — M'y voici donc ? — Point du tout. — M'y voilà ? — Vous n'en approchez point.

### De l'alinéa.

**248.** L'alinéa consiste dans le renvoi à la ligne suivante de la continuation du sujet qu'on traite, bien que celle où l'on est ne soit pas achevée :

*Dieu créa le monde en six jours.*

*Le premier il dit : Que la lumière soit et la lumière fut.*

*Le second jour, il créa le firmament qu'il appela ciel.*

*Le troisième jour, il réunit toutes les eaux qui étaient répandues sur la terre,* etc.

———

*Questions.* 235. Qu'est-ce que la ponctuation ? 236. Quels sont les signes de la ponctuation ? 237. A quoi sert la virgule ? 238. Le point-virgule ? 239. Les deux points ? 240. Où met-on encore les deux points ? 241. Où met-on un point final ? 242. Où se place le point d'interrogation ? 243. Le point d'exclamation? 244. Dans quelle circonstance emploie-t-on les points de suspension? 245. Où se placent les guillemets? 246. A quoi sert la parenthèse? 247. Le tiret? 248. En quoi consiste l'alinéa?

### 1er EXERCICE.

(Dicter sans dire les signes de la ponctuation.)

Ecrivez et ponctuez, d'après les règles que vous venez d'apprendre, le morceau de prose suivant :

En m'éveillant, je reconnus son embarras; il soupirait comme un homme qui ne sait pas dissimuler et qui agit contre son cœur. Me veux-tu donc surprendre? lui dis-je : qu'y a-t-il donc? — Il faut que vous me suiviez au siège de Troie. — Ah! qu'as-tu dit, mon fils? Rends-moi cet arc! je suis trahi! ne m'arrache pas la vie. Hélas! il ne répond rien; il me regarde tranquillement, rien ne le touche. O rivages! ô promontoires de cette île! ô bêtes farouches! ô rochers escarpés! c'est à vous que je me plains; car je n'ai que vous à qui je puisse me plaindre; vous êtes accoutumés à mes gémissements. Faut-il que je sois trahi par le fils d'Achille! il m'enlève l'arc sacré d'Hercule; il veut me trainer dans le camp des Grecs, pour triompher de moi. Oh! s'il m'eût attaqué dans ma force!.... mais encore à présent ce n'est que par surprise. Que ferai-je? Rends-moi mon arc, mon fils; sois semblable à ton père, semblable à toi-même. Que dis-tu? Tu ne dis rien! O rocher sauvage! je reviens à toi, nu, misérable, abandonné, sans nourriture; je mourrai seul dans cet antre; n'ayant plus mon arc pour tuer les bêtes, les bêtes me dévoreront; n'importe. Mais, mon fils, tu ne parais pas méchant, quelque conseil te pousse; rends-moi mes armes, va-t'en.

(FÉNÉLON.)

### 2e EXERCICE.

Analysez logiquement le morceau précédent (ou une partie que le maître désignera).

### 3e EXERCICE.

Construisez une phrase sur chacun des mots de la phrase suivante :

C'est Dieu qui fit le monde, la terre et les cieux. Ex.

C'est — *C'est* le roi qui est le chef de la nation.

Dieu — Notre âme est faite à l'image de *Dieu*. (Ainsi de suite.)

Cet exercice peut être multiplié à volonté.

# Troisième Partie.

## 38ᵉ ENTRETIEN.

### DE LA SYNTAXE.

**249.** *Syntaxe* signifie *arrangement, construction*. Le but de la syntaxe est donc de nous apprendre à arranger les mots pour construire des phrases.

#### DU NOM.

##### *Du genre de quelques noms.*

**250.** *Aide* est féminin lorsqu'il signifie secours, assistance.
*Une aide prompte et assurée.*
Il est masculin lorsqu'il exprime l'individu même qui aide, qui travaille sous les ordres d'un autre.
*Un aide-de-camp.*
Cependant si la personne est une femme, le mot *aide* est féminin.
*Son aide la mieux entendue.*

**251.** *Aigle* est masculin, lorsqu'on parle de l'oiseau qui porte ce nom :
*Un grand aigle.*
Il est féminin lorsqu'il signifie une enseigne, un emblème militaire :
*Les aigles impériales, les aigles romaines.*

**252.** *Amour* est masculin au singulier, et féminin au pluriel, en prose ; mais les poètes le font masculin ou féminin, aux deux nombres, selon le besoin de la rime ou de la césure.

*Un vif amour, les premières amours.*

S'il s'agit de figures, peintes ou sculptées, le mot amour est masculin dans tous les cas.

*Peindre un petit amour. Sculpter de petits amours.*

253. *Couple* est féminin lorsqu'il signifie simplement le nombre deux :

*J'ai mangé une couple d'œufs.*

Il est masculin lorsqu'il ajoute à cette signification une idée d'attachement, d'amitié, d'amour mutuel :

*Un couple d'amis, un beau couple, un couple de pigeons.*

254. *Délice* et *orgue* sont du genre masculin au singulier, et du féminin au pluriel.

*C'est un délice, ce sont mes plus chères délices. Un bel orgue, de belles orgues.*

255. *Enfant* est masculin si l'on parle d'un garçon, féminin si l'on parle d'une fille.

*C'est un bel enfant, quelle jolie enfant.*

256. *Foudre* est féminin lorsqu'il signifie *tonnerre*, feu du ciel :

*La foudre a tombé sur cet arbre.*

Cependant, les poëtes le font de deux genres au besoin. Mais ce mot est toujours au masculin lorsqu'on l'emploie au figuré pour désigner un célèbre général, un grand orateur, un anathème lancé par le pape.

*Un foudre de guerre. Un foudre d'éloquence. Les foudres partis du Vatican.*

Il est encore masculin lorsqu'il exprime un grand tonneau.

*Ce foudre contient vingt-cinq hectolitres.*

**257.** *Gens* exige le féminin dans les adjectifs qui le précèdent et le qualifient, et le masculin dans ceux qui le suivent.

*Ce sont de bonnes, d'excellentes gens.*

L'adjectif indéfini *tout* fait exception à cette règle; il conserve le masculin.

*Tous les honnêtes gens vous applaudiront*

Cependant, si entre *tout* et *gens*, il se trouve un adjectif déterminatif, *tout* prendra la marque du féminin :

*Toutes ces bonnes gens ont fait leur devoir.*

Mais on mettra *tout* au masculin, quoique séparé de *gens* par un déterminatif, lorsque l'adjectif qualificatif sera de tout genre :

*Tous les braves gens.*

L'adjectif est encore au masculin devant *gens* lorsque celui-ci doit être suivi de la préposition *de* après laquelle vient un nom de profession :

*Certains gens d'affaires.*

**258.** *Hymne* est du genre féminin lorsqu'on parle d'un chant d'église. Il est masculin dans tout autre cas.

*Les hymnes que Santeuil a composées. Un hymne guerrier.*

**259.** *Orge* est du féminin, excepté dans *orge perlé, orge mondé.*

**260.** *Personne* est du féminin lorsqu'il est employé comme *nom*. Il est du masculin s'il est *pronom indéfini.*

*Une personne doit venir me voir ce matin.*
*Personne n'a été cru.*

## Du Genre et du Nombre de quelques Noms.

**261.** En général, les noms propres ne s'emploient guère qu'au singulier ; cependant, ils donnent quelquefois une idée de pluralité. Ainsi l'on dit :

*Les deux Rousseau, les deux Corneille, les deux Racine.*

On les écrit au singulier, parce qu'on ne *doit* pas changer l'orthographe des noms propres.

**262.** Ils prennent la marque du pluriel lorsqu'ils s'emploient comme noms communs, et avec comparaison implicite.

*La France a eu ses Césars, ses Alexandres,* c'est-à-dire des généraux semblables, par la valeur, le mérite militaire, à CÉSAR, à ALEXANDRE.

**263.** Dans les noms de royaumes, de contrées, de villes, de villages, de mers, de fleuves, de rivières, de montagnes, il y en a qui sont au masculin singulier, d'autres au masculin pluriel, d'autres au féminin singulier, enfin d'autres au féminin pluriel.

Mas. Sing. *Le Portugal, le Hanovre, le Pérou, le Puy, le Mans, le Rhin, le Rhône, Saint-Claude, Saint-Sever, Saint-Malo,* etc.

Mas. Plur. *Les Etats-Unis, les Andelys, les Ponts-de-Cé,* etc.

Fém. Sing. *La* FRANCE, *l'Europe, l'Angleterre, la Russie, la Manche, la Loire, la Seine, la Chapelle, la Réole, Sainte-Menehould,* etc.

Fém. Plur. *Les Pyrénées, les Alpes, les Cevennes,* etc.

Dans la plupart des noms de villes et de villages qui ne sont pas déterminés par *le, la, les, saint, sainte,* le genre est fort douteux ; quel grammairien peut affirmer que *Paris, Lyon, Bordeaux, Tours, Orléans* et même *Marseille, Versailles, Vincennes,* quoiqu'ayant une terminaison féminine, soient au masculin plutôt qu'au féminin ?

**264.** Les noms empruntés aux langues étrangères, et qui deviennent d'un assez fréquent usage dans la nôtre, prennent la marque du pluriel :

*Des altos, des bravos, des duos, des trios, des quatuors, des factums, des folios, des factotums, des numéros, des opéras, des panoramas, des pensums, des quolibets, des zéros,* etc.

**265.** Cependant, il y en a qui sont assez souvent employés, et qui ne souffrent pas la marque du pluriel :

*Des alleluia, des amen, des credo, des pater, des ave, des post-scriptum, des in-folio, des in-quarto, des ex-voto, des fac simile, des auto-da-fe,* etc.

**266.** Les mots français, invariables de leur nature, employés accidentellement comme noms ne prennent jamais la marque du pluriel :

*Les pourquoi, les parce que, les si, les car, les oui, les non, les on dit, les ouï-dire,* etc.

**267.** Il y a des noms qui n'ont pas de pluriel, ou qui s'emploient très rarement à ce nombre :

*L'or, l'argent, la charité, l'enfance, la faim, l'innocence, la jeunesse, la justice, la prudence, la soif, la vieillesse,* etc.

Il y en a d'autres qui n'ont pas de singulier.

*Les ancêtres, les broussailles, les décombres, les funérailles, les matériaux, les mœurs, les pleurs, les ténèbres,* etc.

### Des Noms collectifs

**268.** On donne la qualité de *collectifs* à des noms qui, quoi qu'étant au singulier, présentent à l'esprit une idée de pluralité ; tels sont :

*La foule, un grand nombre, une infinité, la multitude, une troupe*, etc.

**269.** On distingue deux sortes de collectifs : *les collectifs généraux*, et les *collectifs partitifs*.

*Les collectifs généraux* sont ceux qui expriment la totalité des personnes et des choses dont on veut parler :
*La foule, la multitude, la troupe.*

**270.** *Les collectifs partitifs* sont ceux qui n'expriment qu'une partie plus ou moins grande des objets composant une collection :
*Une foule de personnes, une infinité de choses.*

On distingue le collectif général du collectif partitif, en ce que celui-ci est toujours précédé de *un, une*, et celui-là de *le, la*.

**271** *Remarque importante.* L'adjectif, le pronom et le verbe s'accordent avec le collectif général :
*La foule des curieux qui assistait à cette fête.*

Ils s'accordent avec le nom qui suit le collectif partitif :
*Une foule de curieux assistaient à cette fête.*

Quelques adverbes de quantité, *assez, beaucoup, moins, trop, peu, plusieurs* et *la plupart*, pouvant être considérés comme collectifs partitifs, en suivent la règle.
*La plupart des élèves se sont bien comportés, peu ont été répréhensibles, beaucoup méritent une récompense.*

### Des Articles simples *le, la, les*, et des Articles composés *du, des, au, aux*.

**272.** *Les articles simples* et les *composés* se placent avant les noms communs, pour faire connaître qu'ils sont employés dans un sens déterminé.
*L'usage seulement fait* LA *possession.*

**273.** Les *articles simples* ont la propriété de généraliser les personnes et les choses :

*Les Français sont égaux devant la loi*, c'est-à-dire : *tous les Français*, etc.

**274.** Ils peuvent aussi faire changer la nature des mots qui ne sont pas *noms*. Ainsi, ils changent en noms les adjectifs, les verbes, les adverbes, les conjonctions, les interjections en les précédant :

*Il faut préférer l'*UTILE *à l'*AGRÉABLE. *Rien n'est beau que le* VRAI. *Le* BOIRE, *le* MANGER, *le* RIRE *; le* PEU, *le* MOINS, *le* TOUT *; les* SI, *les* CAR, *les* MAIS, *les* POURQUOI, *les* PARCE QUE. *A son entrée dans le salon, les* CHUT ! *se firent entendre.*

Les adjectifs déterminatifs ont aussi la propriété de convertir tous les mots en noms, mais l'usage en est moins fréquent ; on dira bien :

*Avec vos* SI, *vos* CAR, *vous ne concluez jamais. Dans la phrase que vous venez de faire, on compte cinq* QUI *et trois* QUE *; il faut éviter ces répétitions.*

**275.** Les articles composés *du*, *des*, sont employés, tantôt dans un sens général, tantôt dans un sens partitif.

Sens général :

*La justice* DES *hommes. La gloire* DES *armées françaises.*

Sens partitif :

*Voici* DU *pain*, DU *vin*, DES *fruits ; mangez et buvez.*

**276.** Lorsqu'un adjectif précède un nom, et que celui-ci a un sens partitif, l'article est remplacé par *de* :

*Voilà* DE *belles fleurs*, DE *beaux jardins*, D'*excellents fruits.*

**277.** Cependant, dans les noms composés d'un adjectif et d'un nom, séparés par un trait-d'union, ou même lorsque l'adjectif est inhérent au nom, mais sans séparation, il faut conserver l'article ; on dit :

*J'ai mangé des petits-pois, des petits-pâtés ; j'ai vu des petits-maîtres, des petites-maîtresses ; il a dit des bons mots ; nous avons eu du beau temps.*

278. L'article se remplace par *de* lorsque le nom a une signification indéterminée, et quand il est précédé d'un collectif partitif :

*Un grand concours de personnes ; une réunion de jeunes gens ; une table de marbre ; une montre d'or.*

Il y a encore une foule d'autres circonstances où l'article s'emploie ou se supprime, selon le sens de la phrase ; mais l'usage en fera plus que les règles que nous pourrions donner. Ainsi, on doit dire :

*L'empereur du Brésil et les rois de France ; les mines du Pérou et les mines d'Allemagne ; les oranges du Portugal et la bière de Belgique,* etc.

279. Nous avons dit que l'article a la propriété de convertir en noms les adjectifs ; cependant, lorsque l'adjectif se trouve immédiatement suivi d'un nom, et lorsque cet adjectif forme une proposition elliptique, ce changement n'a pas lieu.

*J'aime les bons, les francs, les discrets amis ; mais je hais de tout mon cœur les faux, les indiscrets.*

Dans cet exemple, les mots *bons, francs, discrets* restent adjectifs parce qu'ils qualifient le nom *amis* ; et *faux, indiscrets* qualifient également *amis* qui est sous-entendu.

### DE LA RÉPÉTITION DE L'ARTICLE.

280. On répète l'article : 1° Devant chaque nom ayant un sens déterminé :

*Les hommes, les animaux, les plantes, tout renaît au printemps. Mon père et ma mère, son frère et sa sœur, sont allés se promener.*

2° Devant deux adjectifs unis par la conjonction *et*, et lorsqu'ils ne modifient pas le même nom :

Le *bon et* le *médiocre avocat ;* mon *jeune et* mon *vieil ami.*

Mais on dira bien :

Le *jeune et savant professeur ;* le *vénérable et pieux curé ,*

Parce que les deux adjectifs qualifient le même nom.

### 1ᵉʳ EXERCICE.

Composez des phrases suivant les règles indiquées par les nᵒˢ 269 à 280.

### 2ᵉ EXERCICE.

Analysez logiquement quelques-unes des phrases que vous venez de faire. (Le maître indiquera les phrases à analyser.)

### 3ᵉ EXERCICE.

Analysez les choses désignées par les noms dont vous vous êtes servis dans les phrases du 1ᵉʳ exercice.

### 4ᵉ EXERCICE.

Ecrire sous la dictée l'évangile du jour de Paques.

## 39ᵉ ENTRETIEN.

#### Des Adjectifs Déterminatifs Numériques, et des Possessifs.

281. Dans tous les adjectifs numériques de la classe des cardinaux, il n'y a que *vingt* et *cent* qui prennent la marque du pluriel.

282. *Vingt* et *cent* prennent un *s* lorsqu'ils expriment plusieurs fois le nombre qu'ils indiquent, et

quand ils ne sont pas suivis d'un autre déterminatif numérique ; ainsi on écrit :

*Quatre-vingts mètres de drap, cinq cents hommes ; et quatre-vingt-cinq mètres de drap, trois cent cinquante hommes :*

283. Si *vingt* et *cent* sont employés comme nombres ordinaux, ils ne prennent jamais la marque du pluriel ; on écrira donc :

*Charlemagne a été couronné empereur d'Occident en l'an huit cent.*

284. On écrit *mille* de trois manières :

1° Mil, lorsqu'il est question de date comme dans :

*Louis-Philippe a commencé à régner en mil huit cent trente.*

2° Mille, lorsqu'on veut exprimer un nombre égal à dix fois *cent*.

*Nous avons fait quatre mille prisonniers.*

Dans ces deux cas il ne souffre pas la marque du pluriel.

*Mille* et *milles* pour nommer une ou plusieurs longueurs, ou mesures itinéraires ; alors ce n'est plus un déterminatif de nombre, c'est un nom.

En Angleterre et en Italie on dit :

*Il y a tant de milles de telle ville à telle autre ville.*

En France, nous disons *kilomètres*

285. Les déterminatifs possessifs se remplacent par les déterminatifs simples lorsque le sens de la phrase indique, sans équivoque, l'objet possesseur et l'objet possédé.

*J'ai mal à* LA *jambe, je me suis coupé* LE *doigt.*
Et non :
*J'ai mal à* MA *jambe, je me suis coupé* MON *doigt.*

parce qu'il est bien certain que je ne peux pas avoir *mal à la jambe d'un autre*, etc.

Mais il faut dire :

*Je vois que* MON *mal se guérit. Mon frère a gagné* SON *procès,*

Parce qu'en employant le déterminatif simple au lieu du possessif, on ne saurait pas si c'est *le mal à moi, et le procès à mon frère.*

286. Les déterminatifs possessifs *leur*, *notre*, *votre*, s'emploient au pluriel quand ils déterminent plusieurs unités formant collection, et présentant par conséquent une idée de pluralité ; au singulier si l'objet possédé n'exprime qu'un seul individu. On dira :

*Ces enfants ont perdu* LEURS *pères,*

Si ces enfants ne sont pas frères, et,

*Ces enfants ont perdu* LEUR *père,*

S'ils sont frères ; parce que dans le premier cas, on parle évidemment de *plusieurs* pères, et dans le second, il n'est question que *d'un*.

287. Lorsqu'on parle des *choses*, les déterminatifs *son, sa, ses, leur, leurs* ne peuvent être employés que quand le possesseur est sujet de la proposition.

*L'hiver a* SES *charmes et* SES *agréments.*

*L'hiver* est le sujet de la proposition. Mais on ne doit pas dire :

*La campagne est belle au mois d'août, j'admire toutes ses beautés,*

Parce que campagne n'est pas le sujet de la proposition *j'admire*, etc. ; il faut dire :

*J'en admire toutes les beautés.*

288. Cependant lorsque l'objet possédé est le complément d'une préposition, bien qu'il ne soit

pas sujet de la proposition, on emploie le possessif :

*La France est un beau pays ; les étrangers y viennent jouir de la douceur de* SON *climat.*

289. Nous avons quelques déterminatifs indéfinis qui excluent toute idée de pluralité, tels que *nul, aucun, chaque* :

NUL *homme n'est exempt des devoirs que la société lui impose. Une place pour* CHAQUE *chose, et* CHAQUE *chose à sa place.*

Cependant si ces déterminatifs modifient des noms qui ne peuvent être au singulier, il faut nécessairement les mettre au pluriel ; on dira donc :

AUCUNES *troupes ne sont mieux disciplinées que les nôtres. Toutes ces choses sont nulles.*

290. CHAQUE exige un nom après lui :
CHAQUE *soldat a fait son devoir.*
CHACUN demande toujours le singulier :
CHACUN *a fait son devoir.*

291. MÊME est tantôt adjectif et tantôt adverbe :

292. MÊME est adjectif, 1° lorsqu'il précède un nom :

*La* MÊME *personne, le* MÊME *homme, les* MÊMES *femmes.*

2° Lorsqu'il se trouve après un pronom ou un seul nom ;

*Ils l'ont dit eux-*MÊMES*. Ses parents* MÊMES *le repoussent.*

293. *Même* est adverbe, 1° lorsqu'il modifie un verbe :

*J'irai* MÊME *jusqu'à Rouen.*

2° Lorsqu'il est placé après plusieurs noms :

*Tout obéit à la nature, les hommes, les animaux, les plantes* MÊME.

294. QUELQUE s'écrit de trois manières :

295. Devant un nom, *quelque* est adjectif indéfini et s'accorde avec ce nom :
*J'irai vous voir* QUELQUES *jours.*

296. Devant un adjectif suivi de *que, quelque* est adverbe et par conséquent invariable :
*L'église remet tous les péchés,* QUELQUE *grands,* QUELQUE *nombreux qu'ils soient.*

297. *Remarque.* Si l'adjectif n'est pas immédiatement suivi de *que, quelque* est un déterminatif et il s'accorde avec le nom qui suit.
*Il y a, dans mon bosquet,* QUELQUES *grands arbres.*

298. Devant un verbe, *quelque* s'écrit en deux mots ; le premier mot, *quel* est adjectif et s'accorde avec le nom qui suit le verbe ; *que* est conjonction, et, conséquemment invariable.
QUEL QUE *soit votre mérite.* QUELLE QUE *soit votre fortune.* QUELLES QUE *soient vos richesses.*

299. Tout est adjectif ou adverbe :

300. *Tout* est adjectif quand il est placé devant un nom, ou quand il exprime la totalité des personnes ou des choses dont on parle :
TOUTES *ces demoiselles sont sages et vertueuses. Ils ont* TOUS *fait leurs devoirs.*

301. Tout est adverbe lorsqu'il signifie *tout-à-fait, quelque, quoique* :
*Ces élèves paraissent* TOUT *endormis. Il sont* TOUT *fiers de leurs richesses.*

302. *Remarque.* TOUT quoique adverbe est variable lorsque l'adjectif qui suit immédiatement est

féminin et commence par une consonne ou un *h* aspiré :

Toutes *hardies qu'elles sont, elles restèrent* toutes *saisies,* toutes *stupéfaites à la vue de leur protecteur.*

### Des Adjectifs Qualificatifs.

303. Lorsqu'un adjectif qualifie plusieurs noms on le met au pluriel ; et parmi ces noms s'il y en a seulement un au masculin, l'adjectif se met au masculin.

*Le riche et le pauvre sont* égaux *devant Dieu et devant la loi. Mon père, ma mère, et mes sœurs sont* satisfaits.

304. Si tous les noms sont au féminin, l'adjectif doit être au féminin :

*Ma marraine, ma tante, et mes cousines sont* contentes *de moi.*

305. Lorsqu'un adjectif qualifie plusieurs noms de différents genres, il faut, en construisant la phrase, placer un nom du genre masculin immédiatement avant l'adjectif afin que l'oreille ne soit pas blessée par une consonnance trop dure. Au lieu de dire :

*Le Roi, la Reine et les Princesses sont pieux.*

Dites :

*La Reine, les Princesses et le Roi sont pieux.*

306. Il y a des adjectifs qui se placent avant les noms, et d'autres qui se placent après. On dit :

*Un habit bleu, un grand livre, une table ronde, une belle chambre.*

Et non pas :

*Un bleu habit, un livre grand, une ronde table, une chambre belle.*

**307.** Quelques adjectifs changent de signification en changeant de place par rapport aux noms qu'ils qualifient.

*Un honnête homme* n'est pas la même chose *qu'un homme honnête. Un grand homme* n'a pas la même signification *qu'un homme grand.*

*L'honnête homme* est celui qui a de la probité, et *l'homme honnête* est celui qui a des manières aimables, polies. *Un grand homme* se distingue des autres hommes par de belles actions, ou d'utiles découvertes, ou encore par des productions littéraires remarquables. *Un homme grand* est celui dont la taille dépasse celle des hommes de grandeur ordinaire.

*Napoléon, quoiqu'il fût petit de taille, est bien le plus grand de tous les grands hommes des temps modernes.*

**308.** Un adjectif qualificatif exprimant toujours une qualité ou une modification, doit toujours se rapporter sans équivoque à *un nom*, ou à *un pronom* existant dans la phrase. On ne doit pas dire.

*Heureux ou malheureux, vous ne m'avez pas abandonné :*

Parce qu'on ne peut pas savoir si *heureux* et *malheureux* se rapportent à *vous* ou à *m'.*

On fait disparaître l'ambiguïté en tournant ainsi la phrase.

*Que j'aie été heureux ou malheureux vous ne m'avez pas abandonné.*

**309.** Nous avons dit précédemment (voyez le 14ᵉ Entretien) que l'adjectif qualifiant plusieurs noms prend la marque du pluriel; cependant, lorsque ces *noms* sont synonymes, c'est-à-dire, ayant à peu près la même signification, l'adjectif prend le genre et le nombre du dernier :

*Ce soldat a montré une bravoure, un courage* ÉTONNANT.

Ou bien :

*Ce soldat a montré un courage, une bravoure* ÉTONNANTE.

**310.** Lorsque deux noms sont unis par la conjonction *ou* l'adjectif s'accorde encore avec le dernier.

*Selon le travail qu'on lui fait faire, un élève montre un zèle ou une indolence* TRÈS GRANDE.

**311.** Les adjectifs *compris, demi, excepté, nu, passé, supposé*, placés avant les noms ou les pronoms restent invariables :

*J'ai tout vendu, y* COMPRIS *ma maison. Il y a une* DEMI-*heure que j'ai fini.* EXCEPTÉ *vous deux, tout le monde est prêt. Je reste toujours* NU-*tête.* PASSÉ *cette époque il ne sera plus temps.* SUPPOSÉ *telle circonstance l'affaire aura lieu.*

Cependant l'on doit dire avec accord : *La* NUE *propriété d'un bien.*

**312.** L'adjectif *feu* s'accorde lorsqu'il précède immédiatement le nom :

*La* FEUE *reine, votre* FEUE *mère.*

Il ne s'accorde pas lorsqu'il est séparé du nom par un déterminatif :

*Feu la reine, feu notre mère.*

**313.** Les deux adjectifs d'un adjectif composé sont variables.

*Un enfant* MORT-NÉ, *des enfants* MORTS-NÉS, *un* SOURD-MUET, *des* SOURDS-MUETS.

**314.** Cependant si le premier de ces adjectifs exprime une partie comme *demi, mi, semi*, le second seul prend la marque du pluriel.

MI-*partie, des peuples* DEMI-*civilisés,* SEMI-*périodique.*

**315.** Quand l'adjectif composé est formé de deux adjectifs, dont le premier a changé sa nature d'adjectif en celle d'adverbe par l'emploi qu'on en fait, le second seul s'accorde.

*Un enfant* COURT-*vêtu, des enfants* COURT-*vêtus.*

**316.** Quand deux adjectifs sont inséparables, et que l'un reçoit la qualification du second, ils sont tous deux invariables ; on dit :

*Des cheveux* CHATAIN-CLAIR, *des étoffes* ROSE-TENDRE, etc.

**317.** Il y a des adjectifs qui ne conviennent qu'aux personnes, comme : *consolable, intentionné inconsolable,* etc. Et d'autres qui ne conviennent qu'aux choses comme : *applicable, déployable, contestable,* etc.

Aucune de ces règles n'est absolue ; l'usage, l'oreille, le bon goût, la lecture, suppléeront à ce que nous avons été obligé d'omettre dans une grammaire élémentaire.

### 1er EXERCICE.

Composez des phrases suivant les règles indiquées par les nos 281 à 317.

### 2e EXERCICE.

Analysez logiquement les phrases que vous venez de faire

### 3e EXERCICE.

Analysez les choses représentées par les noms dont vous vous êtes servis dans la construction des phrases précédentes.

### 4e EXERCICE.

Ecrire sous la dictée l'évangile du jour de la Pentecôte.

## 40ᵉ ENTRETIEN.

#### Des Pronoms et de leur emploi.

318. On ne doit pas se servir d'un pronom pour représenter un nom précédé d'un verbe et employé dans un sens vague, c'est-à-dire qui n'est pas déterminé.

On ne pourrait pas dire.
*Le roi a le droit de faire grâce lorsqu'*ELLE *est méritée, et même lorsqu'*ELLE *ne l'est pas.*
Il faudrait dire :
*Le roi a le droit d'accorder* UNE *grâce, lorsqu'*ELLE, etc.

319. Les pronoms ne doivent jamais être employés d'une manière équivoque, c'est-à-dire que les noms auxquels il se rapportent doivent être bien connus.

Il ne faut pas dire :
*Caïn, fils aîné d'Adam et frère d'Abel, eut de la jalousie contre* LUI *et* LE *tua.*
Parce qu'on ne peut pas savoir si *lui* et *le* se radportent à Adam ou à Abel.
On doit dire :
*..... Eut de la jalousie contre* CELUI-CI *et le tua.*

320. Les pronoms personnels employés en qualité de sujets se mettent ordinairement avant les verbes.

JE *mange,* TU *bois,* IL *chante,* NOUS *rions,* VOUS *jouez,* ILS *dorment.*

Excepté 1.°. Quand la proposition est interrogative :

*Partirons-nous bientôt? Viendra-t-il aujourd'hui?*

2° Dans quelques propositions exclamatives:

*Est-il grand pour son âge, cet enfant! Sont-ils méchants!*

3° Dans quelques propositions incidentes, qui ont pour but de rapporter les paroles de quelqu'un.

*Est-ce donc là, dit-*IL*, ce qu'on m'avait promis.*

4° Après quelques verbes au mode subjonctif et quand ils sont employés sans conjonction.

*Dût-*IL *courir jusqu'au bout du monde, et dussé-*JE *l'*Y *poursuivre.*

5° Après les adverbes et les expressions adverbiales, *aussi, encore, toujours, vainement, à peine, au moins, du moins, peut-être* :

A PEINE *étions-*NOUS *sortis.*

321. *Remarque.* Un pronom sujet placé après le verbe est toujours séparé du verbe par un trait-d'union.

322. Les pronoms personnels complément des verbes se placent avant ces verbes.

*La grenouille envieuse, s'étend, et s'enfle, et* SE *travaille.*

> Sur le mulet du fisc une troupe *se* jette,
>     Le saisit au frein et l'arrête.
>     Le mulet en *se* défendant
>         *Se* sent percé de coups.      ( LA FONTAINE.)

323. Excepté : 1° Lorsque le verbe est au présent de l'impératif :

*Croyez-*MOI *; craignez-*LE.

324. 2° Lorsqu'un verbe au présent de l'infinitif dépend d'un autre verbe, le pronom peut se pla-

cer devant le temps de l'infinitif ou avant le verbe qui précède.

*Je veux* vous *emmener avec moi, ou je* vous *veux emmener.*

525. *Remarque.* Lorsqu'un verbe au présent de l'impératif a deux pronoms pour compléments, le direct se place avant l'indirect.

*Donnez*-LA-NOUS, *vous avez une maison de campagne, menez*-NOUS-Y.

526. Il arrive quelquefois que le verbe à l'impératif a deux compléments indirects, un pronom personnel et le pronom relatif *en*; alors *en* est le dernier.

*Vous avez de bonnes plumes, donnez*-NOUS-EN; *apportez*-NOUS-EN *quelques-unes.*

527. Cependant lorsque les pronoms *le, la, moi, toi,* sont compléments directs avec *y* pour complément indirect, il faut mettre *y* après le verbe :

*Envoyez*-Y-MOI, *menez*-Y-LE.

On fait mieux d'éviter ces manières de parler, qui sont toujours très peu euphoniques.

528. On peut répéter les pronoms personnels employés comme sujets à chaque proposition :

*Il gémit, il soupire.*

Ils se suppriment quelquefois entre des propositions semblables séparées par un point-virgule.

<pre>
    A l'heure dite, il courut au logis
    De la cigogne son hôtesse;
    Loua très fort sa politesse;
    Trouva le dîner cuit à point.    (LA FONTAINE.)
</pre>

529. Ils se suppriment encore entre des propositions liées par une des conjonctions *et, ou, ni.*

ILS *vont vite, et seront dans un moment à nous.*

**330.** Il faut nécessairement répéter les pronoms personnels employés comme compléments de temps simples :

*Le* lion *le* posta, *le* couvrit de ramée (*Le même.*)

**331.** Lorsque plusieurs temps composés se suivent on peut n'employer le pronom complément qu'avec le premier.

*Nos leçons, nous* LES *avons apprises et récitées le même jour.*

**332.** On emploie le pronom *soi* en parlant des personnes et des choses ; mais on ne l'applique aux personnes que lorsqu'elles sont exprimées par un autre pronom de la classe des indéfinis comme : on, chacun, nul, quiconque, personne, etc.

*Chacun pense à* SOI *; ne vivre que pour* SOI *; le règne minéral n'a rien en* SOI *d'aimable et d'attrayant.*

**333.** Lorsqu'il s'agit d'éviter un équivoque, on emploie *soi,* bien que la personnne à laquelle il se rapporte soit exprimée par un nom :

*En général, l'égoïste aimera mieux dire du mal de* SOI *que de n'en pas parler.*

**334.** *Lui, leur,* s'emploient en parlant des personnes seulement :

*Je* LUI *ai dit, je* LEUR *ai dit, je* LUI *ai écrit, je* LEUR *ai écrit.*

Cependant en parlant des animaux, ou dira bien :

*Donnez-*LEUR *à manger.*

**335.** Les pronoms *eux, elle, elles,* précédés d'une préposition, ne se disent que des personnes :

*Ces plumes sont pour* EUX, *ou pour* ELLES.

336. Les pronoms personnels *le, la, les*, peuvent se rapporter à un nom, ou à un adjectif ou à un verbe, ou même à une proposition tout entière. Ils sont variables seulement lorsqu'ils se rapportent à un nom.

*Etes-vous la maîtresse de cette maison ? Oui, je* LA *suis.*

*Etes-vous le père de cet enfant ? Oui je* LE *suis ?*

*Etes-vous les conscrits appelés au service ? Oui, nous* LES *sommes.*

337. Ces mêmes pronoms sont invariables, lorsqu'ils se rapportent à un adjectif ou à un verbe, ou à une proposition, et conséquemment s'expriment par *le* ou par *l'*.

*Etes-vous malade ? Je* LE *suis.*

*Etes-vous mère ? Je* LE *suis.*

*Etes-vous conscrits ? nous* LE *sommes.*

*Cette maison n'est pas si bien bâtie que je* L'*aurais cru.*

### DES PRONOMS POSSESSIFS.

338. Les pronoms possessifs ne doivent s'employer que lorsqu'ils se rapportent à un nom précédent, exprimé dans la phrase :

*Paul, voilà votre livre ? Pierre voici* LE VÔTRE. *Ces enfants ont su leurs leçons, et toi, tu n'as pas récité* LA TIENNE.

339. Les pronoms possessifs, *le mien, le tien, le sien, le nôtre, le vôtre, le leur*, sont quelquefois considérés comme noms :

*Serez-vous* DES NÔTRES *ce soir ?* LES VÔTRES *seront bien reçus.*

### Des Pronoms Relatifs.

**340.** Tout pronom relatif s'accorde en genre, en nombre et en personne avec son antécédent :

*C'est moi* QUI *ai lu. C'est toi* QUI *as écrit. C'est lui* QUI *a compté. C'est vous* QUI *avez chanté. Ce sont eux* QUI *ont dessiné.*

**341.** Lorsque le pronom relatif a pour antécédent un adjectif, le relatif s'accorde avec le nom ou le pronom auquel se rapporte cet adjectif :

*Nous étions deux ou trois* QUI *devions faire le même ouvrage et c'est moi* QUI *ai le mieux réussi.*

**342.** Le pronom relatif doit autant que possible suivre immédiatement son antécédent.

    Une grenouille vit un bœuf
    *Qui* lui sembla de belle taille,
Elle *qui* n'était pas grosse, etc. (La Fontaine)

**343.** *Qui* relatif précédé d'une préposition ne s'emploie qu'avec des noms de personnes ou de choses personnifiées.

*Le personne à* QUI *j'ai parlé en fera son affaire. Cieux* QUI *m'entendez !.....*

**344.** Pour faire connaître bien clairement l'antécédent des relatifs *qui, que, dont,* on est obligé quelquefois de les remplacer par *lequel, duquel* :

*J'ai connu le mari de votre sœur,* LEQUEL *est en Afrique.*

Si on disait :

*Le mari de votre sœur* QUI *est en Afrique.*

On ne saurait pas si c'est le mari ou la sœur qui est en Afrique.

## DES PRONOMS INTERROGATIFS.

345. Les pronoms interrogatifs, nous l'avons déjà dit, servent à donner à une proposition une forme interrogative et peuvent s'employer seuls, ce qui les distingue des *relatifs*.

346. Les pronoms *qui ? à qui? de qui?* s'emploient en parlant des personnes; *que? quoi? à quoi? de quoi?* en parlant des choses.

*Que faites-vous là ? A qui est ce livre ? De qui parlez-vous ? A quoi sert cet instrument ? De quoi vous êtes-vous occupé ?*

347. *Lequel, laquelle, auquel, auxquels, duquel, desquelles* s'emploient aussi bien pour les personnes que pour les choses.

348. Les pronoms interrogatifs *au quel, du quel, la quelle, le quel,* etc. s'écrivent en deux mots ; quand ils sont relatifs ils s'écrivent en un seul mot.

## DES PRONOMS DÉMONSTRATIFS.

349. Le pronom démonstratif *ce* remplace les pronoms personnels *il, elle, ils, elles,* comme sujet d'une proposition dont l'attribut est un nom ou un pronom.

*J'aime à lire Télémaque ; c'est mon livre de prédilection ; c'est celui que je trouve le plus attachant, le plus dramatique.*

350. *Ce* suivi immédiatement d'un pronom relatif précédant un des temps du verbe *être* doit se répéter.

CE *qui est certain* c'est *que la terre tourne.*

351. *Celui, ceux, celle, celles,* demandent un pronom relatif ou un nom qui exprime l'objet que ces pronoms représentent :

CELUI QUI *est sage*, CEUX QUI *sont obéissants*, CELLE QUI *est vertueuse*, CELLES QUI *sont aimables*, *ces plumes sont* CELLES *de Paul*.

### Des Pronoms Indéfinis.

**352.** Le pronom indéfini *chacun, chacune*, demande à être suivi des possessifs *son, sa, ses* ou *leur, leurs*.

**353.** *Chacun* est suivi de *son, sa, ses*.

1° Lorsqu'il n'y a point de pluriel énoncé dans la phrase :

*Donnez à* CHACUN SON *livre*.

2° Lorsque *chacun* est précédé d'un nom au pluriel, et qu'il se trouve après le complément direct :

*Placez ces choses* CHACUNE *à* SA *place*.

**354.** *Chacun* demande *leur, leurs*.

1° Lorsqu'il précède le complément direct :

*Ils ont donné* CHACUN LEUR *offrande*.

2° Lorsque le verbe n'a pas de complément direct :

*Ces deux commis voyagent* CHACUN *à* LEUR *tour pour la même maison de commerce*.

**355.** L'expression *l'un et l'autre* s'emploie pour désigner alternativement deux individus ; *les uns et les autres* donnent une idée d'au moins quatre individus, deux de part et d'autre :

L'UN *et* L'AUTRE *sont à Paris;* LES UNS *et* LES AUTRES *furent de grands hommes dont la patrie s'honore*.

**356.** Quand il y a réciprocité entre deux ou entre un nombre quelconque d'individus on supprime la conjonction *et* :

*Ces deux auteurs se louent* L'UN L'AUTRE ; *ils se déchirent* LES UNS LES AUTRES.

357. Si le verbe employé dans la phrase est intransitif, il faut séparer les mots *un, autre* par une préposition :

*Ils se nuisent* L'UN A L'AUTRE ; *ils se nuisent* LES UNS AUX AUTRES ; *ils se moquent* L'UN DE L'AUTRE.

358. ON est ordinairement du genre masculin et au nombre singulier ; cependant quand il désigne une femme d'une manière positive il est féminin :

*Quand* ON *n'est pas belle il faut être aimable.*
S'il désigne plusieurs personnes il est au pluriel :
ON *n'est pas des esclaves pour être ainsi traités.*

359. Pour éviter la rencontre de deux sons on emploie *l'on* pour *on* :

*Et* L'ON *dit qu'il sera acquitté ; si* L'ON *fait cela.*

360 *Rien* pronom indéfini devient quelquefois nom commun :

*Ce sont de jolis* RIENS, *c'est-à-dire, de petits objets de peu d'importance.*

### 1er EXERCICE.

Construisez des phrases selon les règles indiquées par les nos 318 à 360.

### 2e EXERCICE.

Analysez logiquement les phrases que vous venez de faire.

### 3e EXERCICE.

Analysez les choses désignées par les noms que vous avez employés dans les phrases précédentes.

### 4e EXERCICE.

Ecrire sous la dictée l'épître du xxie dimanche après la Pentecôte.

## 41ᵉ ENTRETIEN.

### DU VERBE.
#### Du Sujet.

**361.** Tout verbe à un mode personnel doit avoir un sujet, parce qu'une action ne peut avoir lieu sans l'existence d'une personne ou d'une chose :

Le chêne un jour *dit* au roseau :
Vous *avez* bien sujet d'*accuser* la nature
(La Fontaine.)

Dans cette phrase il y a deux verbes au mode personnel et par conséquent deux sujets. Le verbe *dit* a pour sujet *chêne*, et *avez* a pour sujet *vous*. *Accuser*, étant un mode impersonnel n'a pas de sujet exprimé.

**362.** Quand un seul sujet suffit pour deux verbes on ne doit pas l'exprimer deux fois :

Il *marchait* d'un pas relevé
Et *faisait* sonner sa sonnette. (*Le même.*)

**363.** Lorsque le sujet est composé de plusieurs noms ou pronoms, le verbe est au pluriel.

Une chèvre, un mouton, avec un cochon gras,
Montés sur un même char, s'en *allaient* à la foire.
(*Le même*)

**364.** Si les mots formant le sujet ne sont pas à la même personne, le verbe s'accorde avec celle qui a la priorité. La première passe avant la deuxième, et celle-ci avant la troisième :

*Vous et moi nous* irons *à Paris ; toi et lui vous* irez *à Lyon.*

**365.** Cependant quand les noms ou les pronoms composant le sujet sont synonymes, le dernier seul donne le nombre et la personne au verbe.

*Le zèle, l'activité* FAIT *de cet enfant un écolier modèle.*

366. Lors même que les sujets ne sont pas synonymes, mais quand ils sont placés de manière à donner une idée de gradation, de rectification, de récapitulation, de restriction, ou de doute, le verbe s'accorde avec le dernier.

*Le fer, le bandeau, la flamme* EST *toute prête.* (Maune.)

*La facilité, la négligence même lui* PLAIT. (Diderot.)

*Non-seulement sa femme, ses enfants, mais encore son honneur lui* ÉTAIT *ravi.*

367. Le verbe reste encore au singulier lorsque les noms composant le sujet se trouvent résumés par une des expressions *personne, nul, rien, tout :*

*Grands et petits, riches et pauvres,* NUL N'EST EXCEPTÉ. (Darbois.)

Femmes, moines, vieillards, *tout était descendu.*
(La Fontaine.)

368. Enfin quand un des sujets unis par la conjonction *ou* doit faire seule l'action exprimée par le verbe, ce verbe s'accorde avec le dernier sujet.

*Lui* ou *elle* SERA *bien* REÇUE. (Acad.)
*Mon fils* ou *ma fille* IRA *vous* VOIR.

369. Cependant si les sujets sont de différentes personnes bien qu'unies par *ou*, le verbe doit être au pluriel et à la personne qui a la priorité, s'il n'y a pas certitude que ce sera l'un plutôt que l'autre qui fera l'action.

*Mon père* OU *moi* IRONS A PARIS.

370. Mais si les sujets peuvent concourir à faire

l'action exprimée, le verbe s'accorde avec ces sujets :

*La peur* ou *la misère* ONT FAIT COMMETTRE *bien des fautes.* (Acad.)

*Le temps* ou *la mort* SONT *nos remèdes.* (J. J. Rousseau.)

371. 1<sup>re</sup> *Remarque.* Lorsque les sujets sont liés par la conjonction *ni*, le verbe s'accorde avec ces sujets :

*Ni* l'or, *ni* la grandeur ne nous *rendent* heureux.
(LA FONTAINE.)

372. Cependant quand un seul des sujets doit faire l'action, le verbe ne s'accorde qu'avec le dernier.

NI *l'un* NI *l'autre ne* SERA NOMMÉ *député.*

373. 2<sup>e</sup> *Remarque.* Lorque deux sujets sont unis par *comme, de même que, ainsi que, aussi, bien que*, le premier seul est sujet :

L'HISTOIRE, *ainsi que la* PHYSIQUE, S'ÉTAIT *déjà débrouillée.* (Voltaire.)

*Le* TIGRE, *comme le* LION, EST *cruel et féroce.*

374. 3<sup>e</sup> *Remarque.* Précédé de *ce*, le verbe *être* se met à la troisième personne lorsqu'il est immédiatement suivi d'un nom pluriel, ou d'un pronom de la troisième personne du pluriel :

CE SONT *ces gens là qui fomentent le désordre.*

375. 4<sup>e</sup> *Remarque.* Plusieurs infinitifs, composant le sujet d'un verbe, demandent le pluriel :

JOUER, BOIRE *et* MANGER SONT *les principales occupations des enfants.*

376. 5<sup>e</sup> *Remarque.* Le verbe précédé d'un

collectif qui a pour complément un nom, lequel est en même temps complément de la préposition *de*, s'accorde avec celui de ces deux mots qui frappe le plus l'attention.

*La moitié des passagers n'avait pas la force de s'inquiéter du danger.* (Voltaire).

*Une nuée de barbares désolèrent le pays.* (Acad.)

*Une nuée de ces oiseaux obscurcissait le soleil.*

(Voyez 38ᵉ Entretien, nᵒ 271.)

### Du Complément des Verbes.

577. Un verbe ne peut avoir deux compléments indirects pour exprimer le même rapport ; ne dites donc pas :

*C'est* A VOUS A QUI *je veux parler.*
*C'est* DE VOUS *dont il s'agit.*

Dites :

*C'est* A VOUS *que je veux parler.*
*C'est* DE VOUS *qu'il s'agit.*

578. Un nom ou un pronom peut être complément de plusieurs verbes, si ces verbes ne demandent pas un complément différent.

*Craignez, détestez, fuyez les mauvais sujets.*

Mais si chaque verbe exige un complément différent, c'est-à-dire, l'un, un complément direct, l'autre, un complément indirect, il faut donner à chacun celui qui lui est propre. On ne doit donc pas dire :

*Je crains et je m'éloigne des menteurs,*
Mais :
*Je crains les menteurs et je m'en éloigne.*

579. Lorsqu'un verbe a un complément direct

et un indirect, on place le plus court le premier :

*J'ai planté un arbre dans ma cour.*

*J'ai planté, dans ma cour, deux beaux tilleuls de la même grosseur.*

380. Si les deux compléments sont d'égale longueur, on place le complément direct le premier.

*J'ai planté deux beaux arbres dans ma cour.*

381. Cependant, si le complément indirect, placé le second, donnait lieu à une équivoque, il faudrait le mettre le premier ; ne dites donc pas :

*Les hommes qui aiment ceux qui les louent avec prédilection ne sont pas sages.*

Dites :

*Les hommes qui aiment avec prédilection,* etc.

382. Le verbe passif s'emploie avec ou sans complément :

*Vous avez été calomnié.*

*Vous avez été calomnié par vos ennemis.*

383. Pour lier le complément au verbe passif, on se sert,

1° de la préposition *de*, lorsque le verbe exprime un sentiment :

*L'écolier laborieux est aimé* DE *ses maîtres.*

2° De la préposition *par*, lorsque le verbe exprime une action faite par l'esprit ou le corps, ou même par les choses.

*Ce projet a été conçu* PAR *un ingénieur.*

*Ce monument qui a été détruit* PAR *un incendie, avait été construit* PAR *les Romains.*

### De l'emploi des Verbes Auxiliaires.

384. Le verbe *avoir*, joint au passé du participe d'un verbe quelconque, marque l'action :

*J'*ai *lu, il* a *écrit.*

Le verbe *être* marque l'état, l'existence modifiée :

*Je* suis *aimé, il* est *étonné, nous* sommes *surpris.*

385. D'où il résulte :

1° Que les verbes transitifs, exprimant tous une action, ou un sentiment, se conjuguent avec *avoir* dans leurs temps composés.

*Tu* as *récité ta leçon. Vous* avez *écrit une lettre.*

386. 2° Que les verbes passifs, exprimant tous un état, se conjuguent avec *être* dans tous leurs temps :

*Nous* sommes *punis. Vous* êtes *récompensés.*

387. Dans tous les verbes réfléchis, quoiqu'exprimant une action, le verbe *être* est employé dans les temps composés :

*Je me* suis *couché. Vous vous* êtes *promenés. Ils se* sont *battus. Nous nous* sommes *sauvés.*

388. La plupart des verbes intransitifs exprimant une action se conjuguent avec *avoir* :

*J'*ai *succédé à mon père.*
*Nous* avons *dormi toute la nuit.*

389. Il faut excepter *aller, arriver, décéder, éclore, entrer, mourir, naître, venir,* et ses composés, qui exigent l'auxiliaire *être.*

390. Les verbes intransitifs *accourir, croître, cesser, descendre, disparaître, entrer, grandir, monter, partir, passer, périr, rester, tomber, sortir, vieillir,* etc., se conjuguent avec le verbe *avoir,* lorsqu'on a en vue l'action que le verbe exprime ; et avec le verbe *être,* lorsqu'on veut ex-

primer un *état*, une *situation*. Ainsi, l'on doit dire avec l'Académie :

*La fièvre* A *cessé. Le baromètre* A *descendu. Il* A *disparu subitement. Il* A *passé en Amérique. Le trait* A *parti.*

Et avec le verbe *être* :

*La fièvre* EST *cessée depuis quelque temps. Il* EST *descendu depuis une heure. Il* EST *disparu depuis quinze jours. Les chaleurs* SONT *passées*, etc.

391. Quelques-uns des verbes intransitifs peuvent devenir transitifs, et alors ils se conjuguent toujours avec *avoir* :

*On* A *descendu le vin à la cave. Nous* AVONS *monté notre bois au grenier. J'*AI *passé une mauvaise nuit.*

### DE L'EMPLOI DES TEMPS AU MODE INDICATIF.

392. On emploie le présent à la place du passé, pour rendre la narration plus animée :

*Le signal se donne, la barrière s'ouvre, le taureau s'élance au milieu du cirque.* (Florian.)

393. Dans le cas précité, tous les verbes de la même narration exprimant un passé, quoiqu'étant au présent, doivent être tous employés au même temps ainsi l'on ne doit pas dire :

*Le signal se donne, la barrière s'ouvre, le taureau s'élança*, etc.

394. On ne doit pas employer l'imparfait pour exprimer un *état*, une *action*, qui a lieu à l'instant de la parole, ou qui est vraie dans tous les temps ; dites :

*J'ai appris que vous êtes malade*, et non *que vous étiez malade*,

Si la personne est encore dans cet état au moment où vous lui parlez.

*J'ai appris, dans ma géographie, que la terre tourne,* et non *tournait,*

Parce que cette action de la terre a lieu dans tous les temps.

395. La passé défini et le passé indéfini.
(Voyez 22e Entretien, n° 131.)

396. Pour peindre une même époque dans la même phrase, il ne faut pas employer ces deux temps l'un pour l'autre alternativement. Ne dites donc pas :

*J'allai à la campagne la semaine dernière, et j'y ai mangé de bons fruits.*

397. N'employez pas le *plus-que-parfait* pour le *passé indéfini* ; ainsi au lieu de :

*J'ai appris que vous aviez fait un voyage à Paris,*

Dites :
*J'ai appris que vous avez fait,* etc.

### DE L'EMPLOI DES TEMPS DU CONDITIONNEL.

398. On ne doit pas employer le *présent* du conditionnel pour le *futur simple ;* ne dites donc pas :
*On m'a dit que vous changeriez de résidence.*
Dites : *Que vous changerez,* etc,

399. Lorsque le verbe d'une proposition principale est à un temps passé, il faut que le verbe de la proposition incidente qui suit soit au *présent* du *conditionnel* et non au *passé*, pour exprimer un passé postérieur au temps du verbe de la principale ; dites :

*Je croyais que vous écririez,* et non, *que vous auriez écrit.*

## DE L'EMPLOI DES TEMPS DU SUBJONCTIF.

**400.** On emploie le verbe au mode subjonctif après d'autres verbes qui expriment la crainte, le commandement, le désir, le doute, l'indécision, la volonté, etc ; après les verbes impersonnels marquant une interrogation, après certaines conjonctions.

**401.** 1° Lorsque le premier verbe est au *présent* ou au *futur* de l'indicatif, on doit mettre le second au présent du subjonctif si ce second doit marquer un *présent* ou un *futur* :

*Je doute qu'il soit* ARRIVÉ, *et je ne croirai pas qu'*IL ARRIVE CE SOIR.

**402.** 2° Lorsque le premier verbe est au *présent* ou au *futur* de l'indicatif, on doit mettre le second à *l'imparfait* du subjonctif, quand ce second verbe doit marquer *un temps présent* ou *futur* et s'il y a dans la phrase une expression conditionnelle suivie d'un verbe à *l'imparfait* ou au *plus-que-parfait* de l'indicatif :

*Je doute qu'il* REVÎNT *demain, si des affaires pressées ne l'y* ENGAGEAIENT.

*Je* DOUTERAI *que vous* ÉTUDIASSIEZ *votre leçon demain si l'on ne vous y* FORÇAIT.

*Je ne crois pas, je n'assurerai pas que ce roi* FUT *monté sur le trône à l'époque que vous* CITEZ.

**403.** 3° Lorsque le premier verbe est au *présent* ou au *futur* de l'indicatif il faut mettre le second au *passé* du subjonctif, quand ce dernier marque un temps passé absolu :

*Je doute qu'ils* AIENT FINI.

**404.** 4° Lorsque le premier verbe est au présent ou au *futur* de l'indicatif, le second se met au *plus-*

*que-parfait*, lorsqu'il marque un temps passé ou lorsqu'il y a dans la phrase une expression conditionnelle :

*Je ne pense pas que vous* EUSSIEZ *remporté ce prix si vos camarades ne* S'ÉTAIENT *pas négligés.*

405. 5° Après les cinq *passés* de l'indicatif et les trois temps du conditionnel, le verbe se met à *l'imparfait* ou au *plus-que-parfait* du subjonctif. On le met à l'imparfait, s'il doit marquer un *temps présent* ou un *temps futur* ; au plus-que-parfait, s'il doit marquer un *temps passé :*

*Je ne croyais pas que vous* FUSSIEZ *ici.*
*J'ai exigé qu'il* FIT *son devoir.*
*Je ne croyais pas que vous* EUSSIEZ *étudié la semaine passée*

406. Nous avons plusieurs expressions conjonctives qui demandent les temps du subjonctif; les voici :

*Afin que, à moins que, avant que, au cas que, en cas que, bien que, de crainte que, de peur que, encore que, jusqu'à ce que, pour que, pourvu que, quelque...que, quoique, sans que, soit que, supposé que.*

407. La conjonction *que* demande le subjonctif lorsqu'elle s'emploie à la place de *si, à moins que, avant que, afin que, sans que, soit que :*

*Il ne viendra pas* QU'*on ne l'y contraigne,* c'est-à-dire, *à moins qu'on ne l'y contraigne.*

408. On se sert quelquefois des temps du subjonctif après les pronoms relatifs *qui, que, dont, lequel, laquelle,* quand ces pronoms sont précédés de *le seul* ou de *peu,* ou encore de *le plus, le moins* précédant un adjectif :

*C'est* LA SEULE *leçon* QUE *je n'aie pas sue.*

*Il y avait* PEU *d'élèves* QUI *sussent leurs leçons.*

*C'est l'homme* LE PLUS *spirituel* QUE *je connaisse.*

409. On se sert encore des temps du subjonctif après les pronoms relatifs, quand le verbe qui suit doit marquer quelque doute :

*Envoyez-moi un homme* QUI SACHE *s'exprimer.*

410. *Remarque.* On ne s'exprime ainsi que parce que la personne en question n'est pas connue ; on ne peut affirmer positivement qu'elle sache s'exprimer. Si elle était connue, on devrait dire :

*Envoyez-moi un homme qui sait s'exprimer.*

### I<sup>er</sup> EXERCICE.

Construisez des phrases selon les règles indiquées par les n°s 361 à 410.

### 2<sup>e</sup> EXERCICE.

Analysez logiquement les phrases que vous venez de faire.

### 3<sup>e</sup> EXERCICE.

Analysez les choses désignées par les noms que vous avez employés dans les phrases composant le 1<sup>er</sup> exercice.

### 4<sup>e</sup> EXERCICE.

Ecrire sous la dictée l'épître du VI<sup>e</sup> dimanche après la Pentecôte.

## 42<sup>e</sup> ENTRETIEN.

#### DE L'EMPLOI DU PRÉSENT DE L'INFINITIF.

411. Le présent de l'infinitif s'emploie comme *sujet* et comme *complément.*

412. Employé comme sujet il équivaut à un nom :

*Mentir est odieux*, c'est-à-dire, *le mensonge est odieux.*

413. Employé comme complément d'une pré-

position, il doit se rapporter sans équivoque à un mot exprimé dans la phrase. On ne doit donc pas dire :

*Le pain est fait pour manger ;* mais, *le pain est fait pour être mangé,* ou...... *pour qu'on le mange.*

*Le temps que vous nous avez marqué est trop court pour bien faire nos devoirs;* mais, *le temps que vous nous avez marqué est trop court pour que nous puissions bien faire nos devoirs.*

414. Lorsque le présent de l'infinitif ne donne lieu à aucune équivoque, il faut le préférer à tout autre temps. Il en est ainsi lorsqu'il n'est pas complément d'une préposition :

*Je pense revenir demain. Tu crois me convaincre.*

Au lieu de :

*Je pense que je reviendrai demain. Tu crois que tu me convaincras.*

415. On peut employer deux présents de l'infinitif de suite, dont l'un est complément de l'autre.

*Je voudrais lui* FAIRE SAVOIR *ce qui se passe.*

Ne dites pas :

*J'ai cru devoir faire entendre à ces gens-là, qu'ils avaient tort.*

Dites :

*J'ai cru que je devais* FAIRE ENTENDRE, etc.

416. Le présent de l'infinitif n'est précédé d'aucune préposition lorsqu'il est placé après les infinitifs suivants :

*Aimer mieux, compter, croire, daigner, devoir, entendre, faire, falloir, laisser, oser, pouvoir, prétendre, savoir, sentir, s'imaginer, vouloir.*

Nous avons 154 verbes qui, placés avant le présent de l'infinitif, demandent la préposition *de* ; 113 qui demandent *à*, et 51 qui demandent tantôt *de* tantôt *à*, selon le sens qu'ils expriment. Comme l'énumération en serait trop longue, nous laisserons cette distinction à la sagacité des élèves qui, arrivés à ce point de la grammaire, doivent être déjà familiarisés avec les difficultés du langage et du style.

### Des Temps du Participe.

#### *Du présent.*

**417.** Tout verbe au présent du participe est invariable, et se termine toujours par *ant*.

(Voyez 29ᵉ Entretien, nᵒˢ 166 à 168.)

**418.** Les poëtes, les historiens font quelquefois varier le présent du participe ; c'est une licence poétique :

Je les vois sous mes coups *roulants* dans la poussière.
(Delille.)

*Pleurante* et désolée, empêchez qu'on me voie.
(Voltaire.)

Les souliers *grimaçants*, vingt fois rapetassés.
(Boileau.)

Les oppresseurs du peuple à leur tour *expirants*.
(Le même.)

Les enfants de Louis *descendants* au tombeau.
(Voltaire.)

Il est bien certain que *pleurants, grimaçants, expirants, descendants*, expriment chacun une action, mais cette action se prolonge et peut être considérée comme un état.

#### Du Passé.

**419.** Le passé du participe est tantôt variable et tantôt invariable.

(Voyez 30ᵉ Entretien, nᵒ 169 à 175.)

**420.** Le passé du participe, suivi du présent de l'infinitif d'un autre verbe, est variable lorsque cet infinitif peut être remplacé par le présent du participe sans changer le sens de la phrase :

*La mère que j'ai* VUE PEINDRE *ses enfants.*

On peut dire :

*La mère que j'ai* VUE PEIGNANT *ses enfants.*

Il est invariable, lorsque le présent de l'infinitif ne peut pas être remplacé par le présent du participe :

*La mère que j'ai* VU PEINDRE *par sa fille.*

On ne pourrait pas dire :

*La mère que j'ai* VU PEIGNANT *par sa fille.*

Dans le premier exemple, c'est la mère qui faisait l'action de peindre; dans le second, c'est la fille.

421. Lorsque le passé du participe est séparé du présent de l'infinitif par l'une des prépositions *à, de,* il peut avoir pour complément direct le pronom relatif qui précède, ou le présent de l'infinitif suivant; dans le premier cas, variabilité; dans le second, invariabilité :

*C'est la leçon que je vous ai* DONNÉE *à apprendre.*

*C'est la leçon que vous avez* OUBLIÉ *d'apprendre.*

422. Dans les verbe réfléchis, directs, essentiels, réciproques, le passé du participe est variable parce que l'un des deux pronoms qui le précèdent est complément direct, et que l'auxiliaire *être* est employé pour *avoir*:

*Elle s'est* COUPÉE *à la main.*

*Ils se sont* LOUÉS.

*Ces hommes se sont* BATTUS.

*Ils se sont* REPENTIS.

*Nous nous sommes* ABSTENUS.

423. Dans les verbes réfléchis indirects, le pas-

sé du participe est invariable par la raison que l'un des deux pronoms qui le précèdent n'est que complément indirect :

*Elles se sont* PLU.
*Elle s'est* COUPÉ *la main.*
*Ils se sont* LOUÉ *une maison.*

Dans ces sortes de verbes, le complément direct se trouve placé après le passé du participe, ou il n'y en a pas; de là l'invariabilité.

424. Le passé du participe, accompagné du verbe *avoir* précédé de *que*, est invariable par la raison que ce *que* y est un complément indirect :

*Je regrette les nombreuses années* QUE *j'ai vécu sans pouvoir m'instruire,* (c'est-à-dire pendant lesquelles...) (J.-J. Rousseau.)

*Compte-t-il les heures* QUE *nous avons travaillé, et celles qu'il a couru ?* (Darbois.)

*Qu'ont-ils fait des deux cent quatre-vingt mille francs* QU'*elle a payé, dit-on, cette maison ?* (Le même.)

425. Le pronom *en* rend invariable le passé du participe qui n'est pas précédé de son complément direct.

*Il a fait plus d'exploits que d'autres n'*EN *ont lu.*
(BOILEAU.)

*Ils ont élevé plus de monuments que d'autres n'*EN *ont détruit.* (Acad.)

426. Si le passé du participe est précédé de son complément direct, le pronom *en* n'empêche pas la variabilité :

*Les en a-t-on* DÉDUITES *ou* TIRÉES ?
*Quelle joie il en a* RETIRÉE. (Darbois.)

427. Le passé du participe, précédé d'un *adverbe* de quantité et de *en*, est variable :

*Combien Dieu* EN *a-t-il* EXAUCÉS ! (Massillon.)
*Combien j*'EN *ai* PERDUS ! (Voltaire.)
*Combien j'*EN *ai* PASSÉS ! (J.-J. Rousseau.)

428. Après le pronom *en*, dans les phrases interrogatives, le passé du participe est toujours invariable :

*Des fautes d'orthographe combien* EN *avez-vous* FAIT *? Et ma fille combien* EN *a-t-elle* FAIT *ou* COMMIS *?*

*Les beaux espaliers ! Combien de pêches* EN *ont elles* CUEILLI *? Et des abricots, ces enfants* EN *ont-ils* RAPPORTÉ *?* (Darbois.)

429. Le pronom *le* ou *l'* représentant une partie de phrase sous-entendue, rend le passé du participe invariable :

*Elle s'est fâchée comme on* L'*avait* PRÉVU. (Cela, qu'elle se fâcherait). (Darbois.)

*La famine arriva comme Joseph* L'*avait* PRÉDIT. (Voltaire.)

430. Le pronom *le* ou *l'* représentant essentiellement un *nom* qui précède, rend le passé du participe variable :

*Je* L'*ai* TROUVÉE *telle que je* L'*avais* VUE.

*Il fallait rendre la chose à qui* L'*avait* ÉGARÉE *ou perdue.* (Darbois.)

431. Le passé du participe des verbes unipersonnels est invariable, parce que le sujet *il* auquel il se rapporte, y est toujours un pronom indéfini :

IL *nous était* ARRIVÉ *trente marchands.*

IL *vous a* FALLU *de grandes ressources.*

*Les froids qu'*IL *a* FAIT*, et les vents qu'*IL *y a* EU *sont passés.* (Darbois.)

432. Le passé du participe précédé et suivi de

*que*, est invariable si le premier *que* est le complément d'un deuxième verbe exprimé ou sous-entendu :

*C'est la réponse* QUE *j'avais* PRÉVU QUE *vous me feriez.*

*C'est une affaire* QUE *j'ai* PENSÉ QUE *vous éviteriez.*

Il est variable si le premier *que* est complément direct :

*Une affaire* QU'*on n'avait prévue* QU'*en partant.*

*Les critiques* QUE *l'on n'a trouvées bonnes* QU'*à m'inquiéter, m'ont fait rire.*

**453. Remarque.** *Le peu* signifie *une petite quantité* ou *le manque*. Dans le premier cas le passé du participe est variable parce que le nom qui suit l'expression *le peu* est complément direct; dans le second cas, il est invariable, parce qu'il a pour complément *le peu* :

LE PEU D'AFFECTION *que vous lui avez* TÉMOIGNÉE *lui a rendu le courage.*

LE PEU D'AFFECTION *que vous lui avez* TÉMOIGNÉ *l'a découragé.* (Chapsal.)

**454.** *Coûté* et *valu* sont invariables lorsqu'ils marquent le prix d'une chose :

*Il voudrait avoir la somme que cette marchandise lui a* COUTÉ.

*Cette maison ne vaut plus les six cent mille francs qu'elle a* VALU. (Darbois.)

Ils sont variables lorsqu'ils signifient *causé* ou *procuré*.

*Que de soins m'eût* coûtés *cette tête charmante !*
(RACINE).

*Les honneurs que j'ai reçus c'est mon habit qui me les a valus.* (J.-J. Rousseau.)

**435.** *Fait* est invariable employé avec le présent d'un infinitif sans préposition.

On l'a *fait* avertir, l'ingrate va paraître. (VOLTAIRE.)
*Je les ait* FAIT *passer par la fenêtre.*

*Fait* est variable lorsque l'infinitif qui suit est précédé d'une préposition.

*La faute qu'il a* FAITE *d'attaquer.* (Fénélon.)
*La nature les a-t-elle* FAITS *pour être obéis.* (J.-J. Rousseau.)

**436.** Le passé des participes suivants est invariable lorsque l'auxiliaire sous-entendu est le verbe *avoir*, et variable lorsque c'est le verbe *être* qu'on sous-entend.

| | |
|---|---|
| Vu *les difficultés.* | Vues *et* vérifiées *on les a inscrites.* |
| Ouï *la discussion.* | Ouïes *de près elles furent aussitôt secourues.* |
| Excepté *ces messieurs.* | Exceptés *de l'invitation, ils se sont crus offensés.* |
| Supposé *l'erreur.* | Supposées *en retard on les a plaintes.* |
| Attendu *les événements.* | Attendus *en vain on s'en alla sans eux.* |
| Passé *quatre heures.* | Passée *sur l'autre rive elle n'eût plus peur.* |
| Ci-joint *deux effets.* | Ci-joints *sont deux effets,* ci-jointe *une lettre.* |
| Ci-annexé *deux copies.* | *Avec la note* ci-jointe *ou* ci-annexée. |
| Ci-inclus *facture.* | Ci-incluses *je vous envoie deux factures.* |
| Y compris *une note* | *Une note* y comprise. |
| Vu *et* approuvé *les écritures.* | Vues *et* approuvées *l'une et l'autre copies furent envoyées.* |

(DARBOIS.)

### 1er EXERCICE.

Construisez des phrases selon les règles indiquées par es nos 411 à 436.

### 2e EXERCICE.

Analysez logiquement les phrases que vous venez de faire.

### 3ᵉ EXERCICE.

Analysez les choses désignées par les noms que vous avez employés dans les phrases composant le 1ᵉʳ exercice.

### 4ᵉ EXERCICE.

Ecrire sous la dictée les phrases suivantes :

Elle vous aurait rendu, sans regret, ces deux lettres. On n'avait aperçu l'une et l'autre dot exiguës qu'après coup. Voilà les difficultés que nous avons vaincues et la victoire que nous avons remportée. Elle vous les aurait rendues sans regret, ces deux lettres (Darbois.) Les biens que m'a ravis la colère céleste. (Racine.) Ces bras que dans le sang vous avez vu baignés. (Le même.) Il employait cette prière qu'il avait dite être celle du malade. (D'Olivet.) L'alliance que Juda avait envoyé chercher. (Bossuet.) Une pierre que j'ai reconnue être une pierre de touche (Voltaire.) Quand je l'ai eue écrite et lue, je l'ai envoyée cachetée. (Domergue.) C'est la seule chose qu'elle ait appris à faire. Elles s'étaient proposées pour vous inviter. Tous les moments qu'elle a souffert. Les quatre ans que l'affaire a traîné. Des plumes, en ont-ils acheté ? Beaucoup acheté ? Combien en ont-ils rapporté ? Combien en avez-vous taillé ? Combien de leçons a-t-on appris ? En ont-ils répété ? Il a épousé une femme riche comme il l'a désiré. Je n'ai pu lui donner tous les livres que j'aurais voulu. (Darbois.) La chose s'en alla telle qu'on l'avait prévue. (La Fontaine.) Il nous a soldé toutes les sommes qu'il n'aurait pas dues s'il ne nous les avait pas empruntées. (Darbois.) Les vers sont une langue qu'il est donné à très peu de personnes de posséder. (Voltaire.) Si vous saviez le peu de valeur qu'il a montré, c'est honteux. Pour justifier le peu de liberté que j'ai prise. (Racine.) Vu les difficultés qu'il y avait à vaincre, ils ont abandonné leur entreprise.

## 43ᵉ ENTRETIEN.

### DE L'EMPLOI DES QUATRE PARTIES INVARIABLES DU DISCOURS.

#### DE L'ADVERBE.

437. ALENTOUR, AUPARAVANT, DAVANTAGE, étant adverbes ne peuvent avoir de complément. Ne dites donc pas :

*Je l'ai vu rôder* ALENTOUR *de la maison. Je*

*suis sorti* AUPARAVANT *vous. J'en ai* DAVANTAGE *que vous.*

Dites : *Autour de..... avant vous..... plus que vous.*

438. DAVANTAGE ne doit pas non plus être employé pour le *plus* ; dites :

*De tous ces livres, voilà celui qui me plaît* LE PLUS et non *qui me plaît* DAVANTAGE.

439. Aussi, si ne s'emploient qu'avec des adjectifs ou des adverbes :

*Cet élève est bientôt* AUSSI *instruit que son maître ; il travaille* SI *bien, il étudie* SI *ardemment qu'aucun de ses camarades ne le surpasse.*

440. AUTANT, TANT s'emploient avec les noms et les verbes :

*On a* TANT *fait pour répandre l'instruction qu'il n'y a plus aujourd'hui* AUTANT *de préjugés que dans le siècle dernier.*

441. Aussi et AUTANT expriment une comparaison :

*Ce jeune homme est* AUSSI *grand que son père.*

*Il y a dans ce jardin* AUTANT *de fleurs que de fruits.*

442 Si et TANT marquent souvent l'étendue :

*Il a* TANT *couru et il est* SI *faible qu'il ne peut plus se tenir debout.*

443. DESSUS, DESSOUS, DEDANS, DEHORS, repoussent également tout complément. Ne dites donc pas :

DESSUS *ou* DESSOUS *la table.* DEDANS *ou* DEHORS *la ville.* Dites :

SUR *la table,* SOUS *la table,* DANS *ou* HORS *la ville.*

Cependant DESSUS, DESSOUS peuvent avoir un complément :

1° Lorsqu'ils sont précédés d'une préposition :

*Otez cela de* DESSUS *ou de* DESSOUS *la table.*

2° Lorsque ces deux mots sont liés par une conjonction copulative :

*J'ai cherché inutilement* DESSUS *et* DESSOUS *les meubles.*

*Il n'est plus ni* DESSUS *ni* DESSOUS *la table* (Acad.)

444. DE SUITE signifie *successivement, sans interruption* :

*Il ne saurait dire deux mots* DE SUITE. (Acad.)

TOUT DE SUITE signifie *sur-le-champ, à l'instant :*

*Il faut que les enfants obéissent* TOUT DE SUITE.

445. PLUS TÔT s'écrit en deux mots lorsqu'il est l'opposé de plus tard :

*Il viendra* PLUS TÔT *que vous ne le pensez.*

Il s'écrit en un seul mot et sans *s* lorsqu'il indique une préférence.

*Plutôt souffrir que mourir,*
*C'est la devise des hommes.* (LA FONTAINE.)

446. PLUS, MIEUX. *Plus* sert à exprimer la qualité portée à un degré supérieur :

*Paul est* PLUS *savant que Pierre;*

Ou une quantité plus grande :

*Il y avait* PLUS *de monde que vous ne croyez.*

MIEUX signifie d'une façon plus accomplie, la préférence :

*Pierre a* MIEUX *fait son devoir que Paul.*

*Il a* MIEUX *aimé travailler.*

447. TOUT-A-COUP, TOUT D'UN COUP. *Tout-à-coup* signifie subitement, à l'instant :

TOUT-A-COUP *la foudre éclate.*

Tout d'un coup signifie d'une seule fois :
*Ce commerçant lancé dans les grandes affaires a fait fortune* TOUT D'UN COUP.

### EMPLOI DES ADVERBES DE NÉGATION.

448. Les adverbes de négation sont *ne, ne... pas, ne point*. *Ne* est la plus faible des négations ; *ne pas* la moyenne ; *ne point* la plus forte.

449. On emploie *ne* après les locutions conjonctives *à moins que, de peur que, de crainte que,* et le verbe *empêcher* :
A MOINS QUE *vous n'y alliez vous-même.*
DE PEUR QUE *ou* DE CRAINTE QUE *cela n'arrive.*
EMPÊCHEZ *qu'il ne sorte.*

450. On emploie encore *ne* après les mots *autre, autrement, plus, mieux, moins* :
*La récolte sera tout autre qu'on* NE *le pense.*
*Il agit autrement qu'il* NE *pense.*
*Il est mieux que nous* NE *le croyions.*

451. Cependant *ne* ne s'emploie pas après une proposition négative :
*Il n'agit pas autrement qu'il pense.*

452. Après les verbes *appréhender, avoir peur, craindre, trembler,* et les locutions conjonctives *de crainte que, de peur que,* on emploie *ne* lorsqu'on redoute l'action exprimée par le verbe qui doit suivre :
*Je crains que les Inspecteurs* N'*arrivent trop tôt.*
On met *ne pas* lorsqu'on souhaite :
*Je crains qu'ils* N'*arrivent* PAS *à l'heure.*

453. On supprime PAS et POINT lorsqu'il y a dans la proposition une expression négative comme *au-*

cun, *guère, jamais, nul, nullement, ne... que personne, rien,* et *ni* répété.

*C'est un homme qui* NE *cause guère, qui* NE *rit* JAMAIS. (Acad.)

*Ni l'or ni la grandeur ne nous rendent heureux.* (La Font.)

454. *Ici* et *là*, étant adverbes de lieu, ne s'emploient jamais avec *où* qui est aussi adverbe.

Ne dites donc pas :
*C'est* LA OU *nous allons.*
*C'est* ICI OU *je demeure.* Dites :
*C'est* LA QUE *nous allons.*
*C'est* ICI QUE *je demeure.*

## DE LA PRÉPOSITION.

455. L'expression prépositive A TRAVERS demande un complément direct :
A TRAVERS *les champs.*
AU TRAVERS demande un complément indirect :
AU TRAVERS *du corps.*

456. AUPRÈS DE, PRÈS DE, s'emploient indifféremment pour marquer la proximité, le voisinage.
*La rivière passe* AUPRÈS DE, OU PRÈS DE *cette ville.*

457. AVANT, DEVANT, s'emploient aussi l'un pour l'autre ; l'Académie dit :
*Un mot placé* DEVANT *ou* AVANT *un autre.*
Cependant lorsqu'il s'agit d'exprimer l'ordre, on dit *avant* :
*Au dernier concours, Pierre était avant Paul.*

458. Les deux prépositions EN et DANS ont rapport au lieu ou au temps :
EN *France*, EN *un an*, EN *un jour.*

DANS, éveille une idée accessoire ou de singularité, et est toujours suivi d'un déterminatif :

DANS *la ville*, DANS *la maison*, DANS *dix ans*. (N. Landais.)

459. ENTRE, PARMI, ne s'emploient pas indifféremment.

ENTRE, s'emploie le plus souvent avec deux noms ou deux pronoms pour désigner l'espèce, la différence :

ENTRE *Paris et Bordeaux*.
*La différence qui existe* ENTRE *eux et nous*.

PARMI, ne s'emploie qu'avec un mot au pluriel ou avec un nom collectif au singulier :

PARMI *les enfants*, PARMI *l'armée*.

460. DURANT, exprime un temps de durée.

PENDANT, ne s'entend que d'une époque prise dans une autre plus étendue :

*Nos soldats ont fait de belles actions* PENDANT *cette guerre*.

*Nos soldats ont eu beaucoup à souffrir* DURANT *cette guerre*.

461. VOICI, désigne des personnes ou des choses rapprochées de la personne qui parle, ou se rapporte à ce qui suit dans un discours.

VOILA, désigne des personnes ou des choses plus éloignées, ou se rapporte à ce qui précède :

VOICI *mon livre, et* VOILA *le vôtre*.

VIS-A-VIS *de l'église*, PRÈS *de ma maison*, PROCHE *de la ville*, HORS *de chez moi*.

VOILA *ce qu'il m'a dit et* VOICI *ce que je lui ai répondu*.

462. VIS-A-VIS, PRÈS, PROCHE, HORS, exigent ordinairement la préposition *de*.

## DE LA CONJONCTION.

**463. AUTANT QUE, D'AUTANT QUE.** *Autant que*, exprime une espèce de comparaison toute faite sur les qualités d'un seul individu, ou sur celles de plusieurs pris ensemble :

*Un enfant n'est bon élève qu'*AUTANT *qu'il est docile et laborieux*, c'est-à-dire, *est bon élève dans la même proportion qu'il est docile et laborieux.*

D'AUTANT QUE, signifie *vu, attendu que* :

*Je n'irai pas à la campagne aujourd'hui,* D'AUTANT *que j'ai une occasion pour y aller demain.*

**464.** Les conjonctions *et, ni*, sont également copulatives c'est-à-dire qu'elles servent à lier les phrases ou les membres de phrases ; mais *et* ne se met qu'après une proposition affirmative, et *ni* après une proposition négative :

*J'ai été vous faire une visite,* ET *je ne vous ai pas trouvé.*

*Maîtres* ET *élèves, tous ont fait leurs devoirs.*

*Il ne faut être* NI *avare,* NI *prodigue.* (N. Landais.)

*Mon père,* NI *mon frère ne sont accoutumés à ces humiliations.* (Laveaux.)

**465.** ET précède SANS répété ; NI le remplace :
SANS *joie* ET SANS *murmure elle semble obéir.*
SANS *joie* NI *murmure.*

*Sans crainte ni pudeur, sans force ni vertu.* (RACINE.)

**466.** La conjonction ET ne doit pas être employée pour unir les adverbes *plus, moins, mieux*.

PLUS *on le voit, mieux on le connaît*, et non :
*Et mieux on le connaît.*

467. MALGRÉ QUE, ne s'emploie qu'avec le verbe *avoir* au subjonctif :

MALGRÉ QU'il en ait ; MALGRÉ QU'ils en aient.

468. PARCE QUE, en deux mots, signifie *attendu que* :

*Vous le ferez* PARCE QUE *je le veux.*

PAR CE QUE, en trois mots, signifie *par la chose que*, ou *par les choses que* :

PAR CE QUE *je vous ai dit vous devinez le reste.*

469. QUOIQUE, écrit en un mot, a la même signification que *bien que* :

QUOIQUE *vous soyez riches soyez humbles.*

QUOI QUE, en deux mots, signifie *quelque chose que* :

QUOI QUE *vous lui donniez il n'en sera pas plus reconnaissant.*

470. QUAND et LORSQUE n'ont pas la même signification, QUAND marque une circonstance de temps :

QUAND *ferez-vous ce que je vous ai commandé ?*

LORSQUE marque une circonstance d'occasion, de condition :

*Il faut être docile* LORSQU'ON *nous reprend à propos.* (N. Landais.)

471. QUANT A signifie *à l'égard de* :

QUANT A *moi je m'en soucie fort peu.*

472. La conjonction *que* est la plus fréquemment employée. On s'en sert :

1° Entre deux verbes :

*Il faut* QUE *nous lisions.*

*Plutôt mourir* QUE *souffrir.*

2° Au commencement d'une phrase exclamative :

Que *Dieu vous bénisse!*
Que *l'enfer vous confonde!*
3° Dans l'acception de combien :
Que *je suis content de vous voir!*
Que *de fautes vous avez faites!*
4° Dans certaines phrases interrogatives ; alors *que* équivaut à *pourquoi*.
Que *n'êtes-vous venu plus tôt?*
5° Pour unir les termes d'une comparaison :
*Cet homme est aussi grand par ses belles actions* que *par sa position sociale.*
6° Pour éviter la répétition de quelques conjonctions telles que : *attendu que, comme, lorsque, puisque, quand, si,* etc.
Si *je sors et* qu'*il vienne pendant mon absence...*
7° Enfin *que* entre dans la composition de plusieurs locutions conjonctives :
*A moins que, dès que, parce que, vu que,* etc.

### DE L'INTERJECTION.

Voyez 34ᵉ entretien, nᵒˢ 200, 201.

#### 1ᵉʳ EXERCICE.

Construisez des phrases selon les règles indiquées par les nᵒˢ 437 à 472.

#### 2ᵉ EXERCICE.

Analysez logiquement les phrases que vous venez de faire.

#### 3ᵉ EXERCICE.

Analysez les choses désignées par les noms que vous avez employés dans le 1ᵉʳ exercice.

#### 4ᵉ EXERCICE.

Ecrire sous la dictée les phrases suivantes :

Je les ai amenés à resipiscence. On a peine à concevoir que Voltaire ait tombé de si haut. (La Harpe.) Une femme éclatant en reproches. Ces hommes qu'on croit si sauvages sont des êtres vivant comme nous. (Darbois.) Il y a des animaux approchant de l'homme. (Acad.) Je peindrai les plaisirs sans cesse renaissants (Boileau.) Cette bande de voleurs a été prise. A qui étaient adressées les trois camisoles de coton tricotées. (Darbois.) Les uns vainqueurs, les autres ou fuyants ou mourants, ou blessés. (Fénélon.) Paul et Virginie était déjà joué. (Voltaire.) La tête et une partie du cou charnus (Buffon.) Une foule de bonnes gens étaient arrêtées. (Darbois.) Le trop d'indulgence et le trop peu d'indulgence sont considérés. Combien de crême a-t-elle mangé? Autant d'écus il a eus autant il en a dépensé. Du sirop de groseille. De la marmelade d'abricots. Un panier de raisin. Un panier de raisins délicats et choisis. (Darbois.)

## 44ᵉ ENTRETIEN.

## CONCLUSION.

### DES FIGURES.

473. On appelle figure une manière de s'exprimer qui anime, qui orne le discours. C'est un changement de signification que l'on fait subir aux mots ou à leur ordre naturel dans une phrase.

474. Les figures sont :
*La métaphore, l'ellipse, le pléonasme, la syllepse et l'inversion.*

### DE LA MÉTAPHORE.

475. On appelle *métaphore* le changement qu'on fait subir au sens propre d'un mot :
*Ce prédicateur a tonné du haut de sa chaire contre les vices du siècle.*

*A tonné*, voilà une métaphore, parce que ce verbe convient particulièrement pour exprimer l'action du tonnerre.

### DE L'ELLIPSE.

476. On appelle *ellipse* le retranchement d'un ou de plusieurs mots qui seraient nécessaires pour

rendre la contruction pleine, mais qui sont inutiles pour le sens de la phrase ; on dit :

*La Saint-Jean*, pour *le jour de la fête de Saint-Jean.*

Je t'aimais inconstant, qu'aurais-je fait fidèle !
(Racine.)

Cela équivaut à *Je t'aimais lorsque tu étais inconstant, qu'aurais-je fait si tu avais été fidèle.*

477. L'ellipse ne peut être permise si l'esprit ne supplée facilement les mots retranchés. Ainsi elle est vicieuse dans ces deux vers :

Il faut une épouse, une mère,
Pour aimer et l'être toujours.

parce que le sens est équivoque.

### Du Pléonasme.

478. *Le pléonasme* est la répétition d'un ou de plusieurs mots dont on pourrait se passer. Cependant il est permis dans de certaines circonstances pour donner au discours de la grâce, de l'énergie ou une grande fermeté dans l'affirmation ou la négation. Il est quelquefois essentiel dans la poésie, soit pour la rime, soit pour la mesure.

Et que *m'a* fait à *moi* cette Troie où je cours !
Hélas ! trop jeune encor, mon *bras*, mon faible *bras*
Ne peut ni prévenir, ni venger son trépas.
*Vous* en Aulide ! *vous !* qu'y venez-vous faire ?
*Non, non,* jusques au bout vous devez le chercher.
(Racine.)

479. Le pléonasme ne doit être évité que lorsqu'il est complétement inutile.

Voyons voir, reculons en arrière, avancez en avant, *Il a eu une* hémorragie de sang, sont autant de pléonasmes vicieux souvent employés par les personnes qui ignorent les règles de la grammaire.

### DE LA SYLLEPSE.

**480.** *La syllepse* est une figure par laquelle on conçoit le sens d'une phrase autrement que les mots ne semblent l'exprimer. Racine a dit :

Entre le *pauvre* et vous, vous prendrez Dieu pour juge,
Vous souvenant, mon fils, que, caché sous ce lin,
Comme *eux*, vous fûtes pauvre, et comme *eux* orphelin.
(*Athalie, acte IV, scène III.*)

Pour parler grammmaticalement il aurait fallu dire :

*Comme* LUI *vous fûtes pauvre, et comme* LUI *orphelin.*

Mais Racine ne le pouvait pas ; son vers eût été trop long : puis il avait dans l'idée non pas un seul individu, mais tous les Israélites.

Fénélon a dit :

*Cependant* LE PEUPLE, *touché de compassion pour l'enfant, et d'horreur pour l'action barbare du père,* S'ÉCRIE *que les dieux justes l'ont livré aux furies. La fureur* LEUR *fournit des armes,* ILS *prennent des bâtons et des pierres,* etc. (Télémaque.)

Il aurait fallu :

*La fureur* LUI *fournit des armes,* IL PREND, etc. Mais Fénélon avait dans l'idée tous les individus qui composent le peuple dont il est question.

### DE L'INVERSION.

**481.** On appelle inversion, une transposition, un changement dans l'ordre naturel des mots dans une phrase :

Du jeune roi d'abord il vante la prudence.
    Au fond de son trou solitaire,
    Il se retire et plus n'en sort. (FLORIAN.)

Il faudrait :

*D'abord il vante la prudence du jeune roi;*
*Il se retire au fond de son trou solitaire et n'en sort plus.*

482. Les inversions sont employées plus communément dans les vers que dans la prose parce que la poésie exige plus de vivacité, plus de hardiesse; elles sont d'ailleurs nécessaires pour l'hémistiche et la rime.

483. Bien que l'inversion donne de la grâce au discours, il ne faut en user qu'avec circonspection de crainte de tomber dans la confusion.

### Du Gallicisme.

484. On appelle *gallicisme* une construction particulière à la langue française, une locution contraire aux règles de la grammaire, mais que l'usage autorise.

*Il vient de mourir. Tu viens de sortir. Ils vont venir. Il pleut. Il n'y a qu'un Dieu.*

### Du Barbarisme.

485. On appelle *barbarisme* une faute de langage consistant soit en mots inventés, ou altérés, ou mal appliqués.

Les gens du peuple disent:

*Quelle dégoûtation! amicablement, j'y suis été, j'y suis couru, une affaire conséquente,* etc., pour:

*Quelle chose dégoûtante! amicalement, j'y suis allé, j'y ai couru, une affaire importante.*

### Du Solécisme.

486. On appelle *solécisme* une faute grossière contre la syntaxe.

*Je voudrais qu'il irait*, ou *je voudrais qu'il aille* sont des solécismes. Il faut :
*Je voudrais qu'il allât.*

### 1ᵉʳ EXERCICE.

Ecrire sous la dictée l'évangile du VIᵉ dimanche après la Pentecôte, et noter les figures qui s'y trouvent.

### 2ᵉ EXERCICE.

Ecrire de même la fable *l'Enfant et le Maître d'école*, de La Fontaine.

### 3ᵉ EXERCICE.

Traduisez cette fable en prose, en évitant les inversions et en remettant les mots dans leur ordre naturel.

# Quatrième Partie.

## ORTHOGRAPHE USUELLE.

### Terminaison des Noms au Singulier.

*La dérivation, l'étymologie*, et *le dernier son* qui frappe l'oreille, voilà les trois choses qu'il faut consulter pour connaître la terminaison des noms.

Nous commencerons par la règle des dérivés.

### Règle des Dérivés.

On appelle *dérivé* un mot formé d'un autre mot avec lequel il a de l'analogie tant pour la signification que pour la prononciation. Par exemple : *vertueux, crier*, sont des dérivés des mots *vertu, cri; hasarder, plomber* sont dérivés des noms *hasard, plomb.*

**Pour** bien écrire un mot dont on connaît un dérivé, il faut voir dans ce dérivé quelle est la lettre qui suit immédiatement le dernier son du mot radical que l'on veut écrire.

**1°** Si cette lettre est une voyelle, terminez le mot à écrire par le dernier son qui frappe l'oreille. Ainsi l'on termine *pli*, *cri*, par le son *i* parce que dans les dérivés *plier*, *crier*, c'est la voyelle *e* qui se présente après les syllabes *pli*, *cri*; *vertu*, *glu* par *u*, à cause de *vertueux*, *gluant*; *loi*, *emploi* par *oi*, à cause de *loyal*, *employer*.

**2°** Si la lettre qui suit le dernier son du mot que l'on veut écrire est une consonne, cette consonne sera sa terminaison, ainsi l'on terminera *hasard*, *lard* par un *d*, parce que dans les dérivés *hasarder*, *larder*, c'est un *d* qui se présente après avoir prononcé *hasar*, *lar*; *drap*, *galop*, à cause de *draperie*, *galoper*.

**3°** Si le radical et le dérivé n'ont pas la même prononciation, cette nouvelle prononciation indiquera la manière d'écrire le radical. Exemple :

On écrit la *faim* (besoin de manger) par *aim* à cause du dérivé *famine*; on écrit la *fin* du jour par *in* à cause du dérivé *finir*.

D'après ces règles, on terminera par le dernier son qui frappe l'oreille les mots suivants :

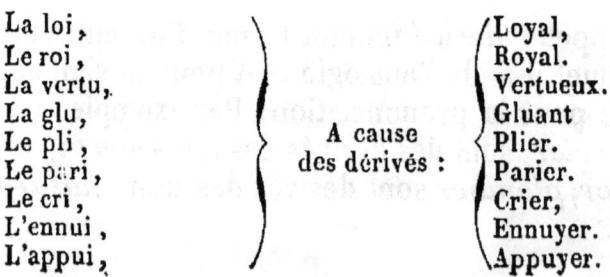

| La loi, | | Loyal, |
| Le roi, | | Royal. |
| La vertu, | | Vertueux. |
| La glu, | A cause | Gluant |
| Le pli, | des dérivés : | Plier. |
| Le pari, | | Parier. |
| Le cri, | | Crier, |
| L'ennui, | | Ennuyer. |
| L'appui, | | Appuyer. |

## PRATIQUE.

| | | |
|---|---|---|
| L'oubli, | | Oublier. |
| Le mari, | | Marier. |
| Le balai, | | Balayer. |
| L'essai, | | Essayer. |
| L'étai, | A cause des dérivés : | Etayer. |
| L'octroi, | | Octroyer. |
| L'emploi, | | Employer. |
| Le convoi, | | Convoyer. |
| L'envoi, | | Envoyer. |
| L'effroi, | | Effrayer. |

Mais on terminera par la consonne que demande le dérivé :

| | | |
|---|---|---|
| Le plomb, | | Plomber. |
| Le hasard, | | Hasarder. |
| Le dard, | | Darder. |
| Le lard, | | Larder. |
| Le fard, | | Farder. |
| Le bord, | | Border. |
| Le fond, | | Fonder. |
| Le bond, | | Bondir. |
| Le marchand, | | Marchander. |
| L'échafaud, | | Echafauder. |
| Le crapaud, | | Crapaudière. |
| Le haut, | | Hauteur. |
| Le saut, | | Sauter. |
| Le drap, | | Draperie. |
| Le galop, | | Galoper. |
| Le trot, | | Trotter. |
| Le complot, | A cause des dérivés : | Comploter. |
| Le goût, | | Goûter. |
| Le début, | | Débuter. |
| Le débit, | | Débiter. |
| Le rôt, | | Rôtir. |
| Le prévôt, | | Prévôtal. |
| Le repos, | | Reposer. |
| Le propos, | | Proposer. |
| L'os, | | Ossement. |
| Le dos, | | Dossier. |
| Le refus, | | Refuser. |
| L'abus, | | Abuser. |
| Le gant, | | Ganter. |
| Le chant, | | Chanter. |
| Le plan, | | Applanir, plaine. |
| Le plant, | | Planter. |
| L'enfant, | | Enfanter. |

| | | |
|---|---|---|
| La nuit, | | Nuitée. |
| L'exploit, | | Exploiter. |
| La faim, | | Famine, affamer. |
| Le bain, | | Baigner. |
| La fin, | | Finir. |
| La main, | | Manier, manuel. |
| Le poing, | | Poignée. |
| Le coing, | | Coignée. |
| Le bât, | | Bâter. |
| Le bois, | | Boiserie. |
| Le fusil, | | Fusiller. |
| Le sourcil, | | Sourciller. |
| La mort, | | Mortel. |
| Le parfum, | | Parfumer. |
| L'encens, | A cause | Encenser. |
| Le sens, | des dérivés : | Sensé, sensible. |
| Le bourg, | | Bourgeois. |
| Le sang, | | Sanguin. |
| Le tapis, | | Tapisser. |
| L'univers, | | Universel. |
| Le train, | | Traîner. |
| Le gain, | | Gagner. |
| Le pain, | | Panade. |
| Le frein, | | Effréné. |
| Le seing, | | Signer. |
| Le chagrin, | | Chagriner. |
| L'instinct, | | Instinctif. |
| L'arpent, | | Arpenter. |
| L'argent, | | Argenter. |

La dérivation, comme on le voit, donne la terminaison d'un grand nombre de noms, mais il y en a beaucoup qui n'ont point de dérivés ; alors il faut avoir recours au dernier son du nom qui frappe l'oreille. C'est sur ce son que sont basées les règles suivantes qui donneront la terminaison d'une grande quantité de mots.

1<sup>re</sup> Règle. Terminaison en *at, et, it, ot, ut, ait, oit*, etc.

Tout nom au masculin ayant pour dernier son une voyelle brève se termine par un *t*.

*Exemples :*

L'achat, l'apparat, l'apostat, le certificat, le contrat, l'état, le goujat, l'odorat, le résultat, le pensionnat, l'orgeat, le consulat, l'avocat, le potentat, etc.

Le banquet, le bosquet, le bouquet, le filet, le cabinet, le préfet et tous les autres en *é* ouvert bref.

L'appétit, le bandit, le biscuit, le délit, l'habit, le réduit, le conscrit, etc.

Le billot, le canot, l'escargot, le loriot, le minot, le cachot, le charriot, le chicot, l'écot, l'îlot, le javelot, le mot, le paquebot, le pavot, etc.

Le but, le début, le tribut, l'occiput, etc.

Le souhait, le lait, le fait, le trait, le bienfait, le forfait, le méfait, l'attrait, l'extrait, le portrait, etc.

Le droit, l'endroit, le détroit, l'exploit, etc.

*Exceptions :*

Il faut excepter de cette règle les mots appartenant à une langue étrangère, qui par l'usage ont passé dans la nôtre. Tels sont : opéra, dahlia, acacia, réséda, choléra, duo, cacao, quiproquo, trio, bravo, imbroglio, impromptu.

Il faut aussi excepter plusieurs mots techniques, c'est-à-dire appartenant à tel art ou à telle science, comme alcali, palma-christi, lachryma christi, etc.

Comme la plupart de ces noms ne sont usités que pour ceux qui étudient les sciences ou les arts auxquels ils appartiennent, nous nous dispenserons d'en donner la liste. L'usage d'ailleurs fait connaître les plus usités.

2<sup>e</sup> *Règle.* Terminaison en *as, es, is, os, us, ais, ois.*

Tout nom masculin dont le dernier son doit être long se termine par un *s*.

*Exemples :*

L'appas (charme), le cas, le canevas, le compas, le frimas, le repas, le coutelas, le galimathias, etc.

Le mets, le décès, le congrès, le procès, l'abcès, le succès, l'accès, etc.

Le parvis, le châssis, l'abbatis, le logis, le paradis, le croquis, le glacis, le radis, le taillis, etc.

Le chaos, le héros, le gros.

Le jus, le talus, etc.

*Exceptions :*

Terminez par un *e* muet : l'incendie, le génie, le Messie, le parapluie, le bain-marie.

Le foie.

Terminez par *t* en mettant l'accent circonflexe sur la voyelle qui précède le *t*. L'appât (amorce), l'intérêt, l'impôt, le dépôt, le suppôt, l'entrepôt.

Terminez par *x* le prix, le

Le dais, le marais, le palais, le panais, le relais, etc.

L'anchois, le carquois, le bois, le mois, le pois (légume), le poids (pesanteur), l'empois.

crucifix, le faix, le portefaix, le choix, le flux, le reflux.

Terminez par z : le nez, le riz, le rez-de-chaussée.

3ᵉ **Règle**. Terminaison *ée, ie, ue, oie, aie, oue, uie, eue*.

En général les noms au féminin qui ont pour dernier son les voyelles *e, i, u* se terminent par un *e* muet.

*Exemples :*

L'armée, la journée, la matinée, la soirée, l'année, la vie, la momie, la comédie ; la vue, la rue, la cohue, la tortue, la statue ; la voie (chemin), la joie, la soie, l'oie, la proie ; la baie, la claie, la monnaie, la paie, la plaie ; la joue, la proue, la roue ; la pluie, la truie ; la queue, la lieue, la banlieue.

*Exceptions :*

Terminez par *u* : la glu, la tribu, etc.
Par *i* : la fourmi, la houri.
Par *êt* : la forêt.
Par *oi* : la foi, la loi, la paroi.
Par *is* : la brebis, la souris.
Par *ois* : une fois.
Par *x* : la paix, la voix, la noix, la croix, la perdrix, la toux, etc.

4ᵉ **Règle**. Terminaison *tié, té, tée*.

Tout nom au féminin qui a pour dernière syllabe *té* ou *tié*, se termine par un *é* fermé.

Il n'y en a que quatre en *tié*, mais la terminaison en *té* est très nombreuse.

*Exemples :*

L'amitié, l'inimitié, la moitié, la pitié, la liberté, la caducité, la royauté, l'immortalité, l'éternité, la rapidité, la curiosité, la frivolité, la fermeté, la gravité, la société, la fraternité, la paternité, la maternité, la parenté, la solidité, la nudité, la primauté, la clarté, la singularité, la prodigalité, la cruauté.

*Exceptions :*

Il faut excepter :
1º La pâtée, la chattée, la nuitée, etc.
2º Quelques mots du passé du participe des verbes de la première conjugaison employés comme noms : la dictée, la montée, la portée, la jetée, etc.;
3º Quelques noms qui expriment un contenu : la jointée, l'assiettée, la charretée, la hottée, la jattée, la pelletée, la potée, la poignée, la brouettée.

5e *Règle.* Terminaison en *é* fermé.

Tout nom au masculin qui a pour dernier son un *é* fermé ne prend point d'*e* muet à sa terminaison.

*Exemples :*

L'aparté, le comité, le comté, le député, l'été, le côté, le pâté, le traité, l'abrégé, le blé, le café, le canapé, le thé, le clergé, le duché, le gré, le jubé, le jubilé, le marché, le pré, le récépissé, le raisiné, le scellé, le toisé, etc.

*Exceptions.*

Il faut excepter :
1° Quelques noms communs : l'athée, l'hyménée, l'apogée, le périgée, le caducée, le scarabée, le trophée, l'empyrée, le lycée, l'élysée, le coryphée, le musée, le pygmée, le mausolée ;
2° Quelques noms propres tirés du grec : Athénée, Androgée, Égée, Énée, Mélibée, Morphée, Orphée, Prométhée, Thésée, Protée, Persée, Pompée, Pelée, etc.

*Remarque.* D'autres noms qui ont pour dernier son *é* se terminent par *er* comme le bûcher, le clocher, le cocher, etc. De ce nombre sont :

1° La plupart des noms d'arbres fruitiers comme l'oranger, le pêcher, le pommier, le poirier, le prunier, l'abricotier, etc.

2° Les infinitifs de la 1re conjugaison admis au rang des noms, comme : Le manger, le souper, le dîner, le déjeûner le goûter (on dit aussi le soupé, le dîné, le déjeûné, le goûté).

3° Les noms désignant la nature des fonctions d'un artisan comme boucher, boulanger, berger, bottier, cordonnier, sabotier, quincaillier, canonnier, cuisinier, charpentier, menuisier, etc.

6e *Règle.* Terminaison en *au*, *eau*, *aux*, *aut*, etc.

Les noms qui ont pour dernier son la voyelle double *au* se terminent par *au* si ce son est précédé d'une voyelle, et par *eau* si la dernière syllabe du mot commence par une consonne.

*Exemples :*

Le fléau, le gruau, le noyau, le tuyau, le joyau, le boyau, l'aloyau, le gluau, le hoyau.

Le troupeau, le hameau, le berceau, l'ormeau, le manteau, le chapeau, le marteau, le moineau, le chameau, l'oiseau, le drapeau, le fardeau, le niveau, le cadeau, le cerceau, le caveau, le corbeau, le tréteau, le museau, le fourneau, le carreau, le plateau, le vaisseau, le ruisseau.

*Exceptions.*

Il faut excepter :

1° Ceux qui, pour cause de leurs dérivés, se terminent par une consonne, comme l'échafaud, le saut, le propos, le rôt.

2° Ceux qui entrent dans les exceptions de la 2° règle, tels que impôt, suppôt, etc., et ceux qui font partie de la règle elle-même comme héros, cahot, chaos, etc.;

3° On écrit par *au* sans *e*, l'étau, le landau, le pilau, le sarrau ;

4° On termine par *aux* le taux, (prix des marchandises ou de l'argent prêté), la faux, la chaux ;

5° On termine par *aut* le défaut, le quartaut, le héraut (crieur public), l'assaut, l'artichaut, le levraut.

7ᵉ *Règle.* Terminaison en *eu, ou*.

Les noms masculins qui ont pour dernier son les voyelles doubles *eu, ou*.

*Exemples :*

Le jeu, le feu, le cheveu, le vœu, le milieu, l'aveu, l'adieu, l'essieu, le dieu, le pieu ; le chou, le hibou, le cou, le trou, le pou, le bambou, le joujou, le matou, le filou, le sou, le clou, l'amadou.

*Exceptions.*

Terminez par un *d* : le nœud.

Par *x* : le houx, le courroux.

Par *p* : le coup, le loup.

Par *t* : l'atout, le pout (de soie).

Par *ouls* : le pouls.

*Remarque.* Cette règle ne comprend pas les noms terminés en *oux* qui ont un féminin, comme l'époux, le jaloux, ni les adjectifs en *eux* employés comme noms, tels que le malheureux, le paresseux, etc. Ceux-ci se terminent par *x*. Cependant on écrit sans *x*, le fou, le bleu.

8ᵉ *Règle*. Terminaison en *ation*, *sion*, *tion*, *xion*.

Les noms qui ont pour final *ation* se terminent par *tion*. Exemples : La nation, la condamnation, la sollicitation, la justification, la démonstration, la sensation. Il faut excepter la passion, la compassion. Tous les autres noms qui ont pour dernière syllabe *sion*, *xion*, *ction* sont formés des verbes latins dont ils dérivent.

EXEMPLE.

| Noms. | Verbes latins. | Noms. | Verbes latins. |
|---|---|---|---|
| L'impulsion, | *impulsum.* | L'expulsion, | *expulsum.* |
| L'ascension. | *ascensum.* | L'aversion, | *aversum.* |
| La dimension, | *dimensum.* | L'aspersion, | *aspersum.* |
| L'attention, | *attentum.* | La précaution, | *precautum.* |
| L'intention, | *intentum.* | La confection, | *confectum.* |
| L'extension, | *extensum.* | La partition, | *partitum.* |
| La potion, | *potum.* | La répulsion, | *repulsum.* |
| La conscription, | *conscriptum.* | La fraction, | *fractum.* |
| La désertion, | *desertum.* | L'impression, | *impressum.* |
| La séduction, | *seductum.* | La motion, | *motum.* |
| La destruction, | *destructum.* | La promotion, | *promotum.* |
| La production, | *productum.* | La contribution, | *contributum.* |
| La construction, | *constructum.* | La procession, | *processum.* |
| La fluxion, | *fluxum.* | La diminution, | *diminutum.* |
| La génuflexion, | *genuflexum.* | La conversion, | *conversum.* |
| L'inflexion, | *inflexum.* | La constitution, | *constitutum.* |
| La version. | *versum.* | La révolution, | *revolutum.* |
| La réflexion. | *reflexum.* | La suppression, | *suppressum.* |

L'usage seul peut diriger, pour l'orthographe de ces noms, ceux qui ne savent pas le latin. Cependant nous donnerons comme règle générale que l'on termine par *sion* les noms dans lesquels cette dernière syllabe est précédée d'un *l* ou d'un *r* comme impulsion, aversion. Malgré cela, il faut écrire par *tion*, assertion, insertion, désertion, portion, proportion.

**9ᵉ Règle.** Terminaison en *ment, man, mant.*

Les noms qui ont pour dernier son *an* avec *m* se terminent par *ment.*

*Exemples :*

Le froment, le firmament, le testament, le compliment, le jugement, l'ornement, le sentiment, le changement, le déplacement, l'enjouement, le dévouement, etc.

*Exceptions :*

Terminez par *an* : l'an, le roman, le firman, maman, etc.

Par *ant* : l'amant, l'aimant, le diamant, le flamant (oiseau).

Et par *and* : le Flamand (de Flandre).

**10ᵉ Règle.** Terminaison en *eur, eure.*

Les noms qui ont pour dernier son *eur* se terminent par un *r.*

*Exemples :*

Le bonheur, le malheur, le seigneur, le pasteur, le consommateur, la peur, la douleur, la saveur, la pudeur, la couleur, la faveur, la terreur, le censeur, le professeur, l'instituteur, le graveur, le directeur, l'ardeur, le cœur, la sœur, etc.

*Exceptions :*

Terminez avec deux *r* et un *e* les trois noms masculins le beurre, le feurre (paille), le leurre (appât).

Terminez par *re* avec un seul *r* les trois mots féminins : l'heure, la demeure, la chantepleure (trou d'un tonneau qui laisse échapper le liquide).

**11ᵉ Règle.** Terminaison eu *ure, ur.*

Les noms masculins et féminins qui ont pour final le son *ur*, se terminent par *ure.* Exemple : le murmure, l'augure, le parjure, le mercure, la peinture, l'agriculture, l'horticulture, la parure, la garniture, etc.

Il faut excepter les trois noms masculin, le mur, l'azur, le futur.

**12ᵉ Règle.** Terminaison en *ette, ète.*

Les noms féminins qui ont pour dernier son *ette* s'écrivent avec deux *t.*

*Exemples :*

La disette, la dette, la recette, l'étiquette, la rosette, la lunette, la violette, la belette, la fourchette, l'alouette, l'assiette, la fauvette, la musette.

*Exceptions :*

Écrivez avec un seul *t* et un accent grave sur l'*e* qui le précède : la comète, la planète, l'épithète, la diète.

Écrivez par *aite* : la défaite, la laite, la traite, la retraite.

*Remarque.* Les noms masculins terminés par *ète* sont en petit nombre : le poète, l'interprète, le prophète, l'athlète, l'anachorète.

Exception : le squelette.

On dit aussi : le cornette, le trompette pour désigner celui qui porte la cornette (étendard), celui qui sonne de la trompette.

13ᵉ *Règle.* Terminaison en *esse, èce, aisse, ice, isse.*

Les noms qui ont pour dernier son *esse* s'écrivent avec deux *s* ; ils sont toujours au féminin.

*Exemples :*

La paresse, la souplesse, la vitesse, la détresse, la finesse, la justesse, la délicatesse, l'adresse, la presse, la compresse, la comtesse, la duchesse, la prophétesse, la messe, etc.

*Exceptions :*

Terminez par *èce* : la nièce, la pièce, l'espèce, la Grèce.

Et par *sce* : la vesce (plante).

Terminez par *aisse* : la graisse, la caisse, la baisse.

Les noms masculins ou féminins qui ont pour dernier son *ice*, s'écrivent avec un *c*.

*Exemples :*

Le supplice, le complice, le caprice, le calice, l'auspice, le service, l'office, le délice, le sacrifice, le précipice, l'exercice, la justice, la malice, la police, la lice, etc.

*Exceptions :*

Écrivez par *isse* : l'abcisse, la coulisse, l'écrevisse, la génisse, la cuisse, la jaunisse, la lisse, la mélisse, la pelisse, la pythonisse, la réglisse, la saucisse, Suisse, Narcisse.

14ᵉ *Règle.* Terminaison en *éte, être, aître.*

Les noms qui ont pour son final *éte* long, s'écrivent par un *é*. Ils sont tous féminins, excepté *le faîte* qui s'écrit par *aî*. Ex. : la tête, la fête, la quête, la conquête, la requête, l'enquête, la bête, etc.

**Ceux en** *être*, soit masculins, soit féminins s'écrivent aussi par un *ê* comme le prêtre, le hêtre, la fenêtre, etc.

**Excepté,** le maître, le traître.

**N. B.** *Mètre* et ses composés sont les seuls de cette terminaison.

**15ᵉ** *Règle*. Terminaison en *our, ours, ourg*.
Les noms en *our* se terminent par *r*.

*Exemples :*

Le tour, le retour, le contour, le pourtour, l'alentour, le vautour, le four, le jour, le séjour, la tour, la cour, le labour, etc.

*Exceptions :*

Terminez par *s* : le velours, le rebours, l'ours, le cours, le concours, le discours, le recours, etc. Terminez par *g* : le bourg, le faubourg. Terminez par *e* : la bourre, la bravoure.

**16ᵉ** *Règle*. Terminaison en *al, el, il, ol, ul, ail, eil*.

Les noms masculins qui ont pour finale une voyelle sonnant avec un *l* comme al, ail, el, il, ol, ul, etc., se terminent généralement par *l*.

Cette règle souffre de nombreuses exceptions, dont les principales se trouvent dans la colonne ci-dessous à droite.

*Exemples :*

Le cheval, le canal, le général, l'amiral, le caporal, le maréchal, le vassal ; le portail, le gouvernail, l'éventail, le travail, le sérail, le soupirail ; le ciel, le miel ; le sel, le duel ; le poil ; le réveil, le conseil, le soleil, l'éveil, l'orgueil, l'orteil ; le cercueil, le chevreuil, le recueil, l'écueil, l'œil, le deuil ; le fenouil ; le fil, le sourcil, le fusil, le péril, l'outil, le che-

*Exceptions :*

Terminez par *le* : le bubale, le dédale, le pétale, le scandale, le mâle, le hâle, le râle ; l'érysipèle, le modèle, le parallèle, le poêle, le zèle ; le concile, le crocodile, le domicile, le projectile, l'Evangile, l'ustensile, le style, le péristyle ; le Capitole, le monopole, le Pactole, le symbole, l'auréole, le pôle, le rôle ; le voile ; le pendule, le manipule ;

nil, le nombril; le sol, le bol, l'entresol, le parasol, le tournesol, le vol; le calcul, le consul; le mal, le bal; le mail; l'ail, l'attirail, le val, le chacal, etc.

l'opuscule, le somnambule, le scrupule, le vestibule.

Ecrivez avec deux *l* : le pupille, le codicille, le vaudeville, le drille, le quadrille; le libelle, le vermeille, le chevrefeuille, le portefeuille, l'intervalle.

**17ᵉ Règle.** Terminaison en *ale, ole, ule, aille, alle, elle,* etc.

Tous les noms féminins dans lesquels *l* final sonne avec une voyelle, se termine par *le.* Cette règle est sans exception.

*Exemple* : La cabale, la cavale, la sandale, la cathédrale, la cale, la parole, la parabole, la boussole, la pistole, la casserole, la camisole, la banderole, la virgule, la pendule, la sole, la cellule, la boucle, la poule, la bile, la file, la gaule, la voile, la toile, la foule, etc.

*Remarque.* La consonne *l* se double dans les noms féminins:

1° Quand elle est mouillée. *Exemple :* la mitraille, la paille, la ferraille, la canaille, la volaille, la valetaille, la bouteille, la corbeille, la veille, la vieille, la treille, la famille, la fille, l'aiguille, l'anguille, la coquille, la citrouille, la quenouille, la patrouille, la rouille, la dépouille, etc.

2° Quand elle est précédée d'un *e. Exemple:* la pelle, l'écuelle, l'échelle, la sentinelle, la prunelle, la canelle, la chapelle, la dentelle, la vielle. Excepté la grêle, la clientèle, la poêle, Philomèle, Cybèle, etc.

3° Dans quelques mots de deux syllabes savoir: la balle, la salle, la dalle, la malle, la halle, la noix de galle, la bulle.

### Des noms composés et de leur orthographe.

Les expressions composées de plusieurs mots équivalant à un nom, c'est-à-dire ne représentant qu'un seul être, un seul individu, sont *des noms composés*.

Telles sont les expressions *chef-d'œuvre, arc-en-ciel, plain-chant, chauve-souris, tête-à-tête*, etc.

Les mots qui composent ces noms sont liés par un trait-d'union, à moins qu'ils ne soient passés à l'état de *noms simples*, c'est-à-dire quand les parties composantes ne forment plus qu'un seul mot comme : *justaucorps, portefeuille, gendarme, contrevent*, etc.

L'orthographe des noms composés est fondée sur la nature même des mots dont ils sont formés. De là, deux règles qui établiront dans quel cas ces mots doivent rester invariables, ou prendre la marque du pluriel.

#### 1<sup>re</sup> Règle.

Si dans la composition du nom il entre des mots invariables de leur nature ou des verbes, ces mots ne prennent point la marque du pluriel. La troisième personne du singulier du présent de l'indicatif et le présent de l'infinitif sont les seules formes du verbe qui puissent entrer dans la composition du nom composé.

Ainsi l'on écrira au singulier comme au pluriel: *des ouï-dire, des pour-boire, des passe-passe, des passe-partout, des pince-sans-rire*, etc.

#### 2<sup>e</sup> Règle.

Si dans la composition du nom il entre des mots variables, c'est-à-dire, des noms, des adjectifs, ces mots prennent la marque du pluriel, ou restent au singulier, selon que la décomposition de l'expression amène le singulier ou le pluriel. On écrira donc,

| *Au singulier :* | *Au pluriel :* |
|---|---|
| Un coffre-fort, | Des coffres-forts. |
| Une plate-bande, | Des plates-bandes. |
| Un bas-relief, | Des bas-reliefs. |
| Un arc-boutant, | Des arcs-boutants. |
| Un pot-pourri, | Des pots-pourris. |
| Une basse-fosse, | Des basses-fosses. |
| Un chat-huant, | Des chats-huants. |

Parce que, dans chacune de ces expressions, nous voyons un nom qualifié par un adjectif sans ellipse.

Dans les expressions suivantes, au contraire, il y a ellipse, et c'est en les décomposant ou en rétablissant les mots sous-entendus que l'on découvre s'il y a unité ou pluralité dans l'idée et si l'on doit mettre ou ne pas mettre la marque du pluriel.

| *Noms composés :* | *Décomposition.* |
|---|---|
| Un garde-malade, Des gardes-malades, | Un garde ou des gardes pour les malades. |
| Un terre-plein, Des terre-pleins, | Un lieu plein de terre. Des lieux pleins de terre. |
| Un blanc-seing, Des blanc-seings, | Un seing ou des seings sur papier blanc. |
| Un Hôtel-Dieu, Des Hôtels-Dieu, | Un hôtel ou des hôtels consacrés à Dieu. |
| Un bain-Marie, Des bains-Marie, | Un bain ou des bains inventés par Marie. |
| Un porc-épic, Des porcs-épics, | Un porc ou des porcs qui portent des épics (dards). |
| Un brèche-dent, Des brèche-dents, | Un homme qui a, ou des hommes qui ont une brèche dans les dents. |
| Un bec-figue, Des bec-figues, | Un oiseau, ou des oiseaux dont le bec pique les figues. |
| Un chou-fleur, Des choux-fleurs, | Un chou qui a, ou des choux qui ont des fleurs. |

10

| | |
|---|---|
| Un chien-loup, | Un chien ressemblant à un loup. |
| Des chiens-loups, | Des chiens ressemblant à des loups. |
| Un rouge-gorge, Des rouge-gorge, | Un oiseau qui a, ou des oiseaux qui ont la gorge rouge. |
| Un appui-main, Des appui-main, | Baguette ou rampe servant d'appui à la main. |
| Un garde-fous, Des garde-fous, | Petit mur ou barrière qui garde ou préserve les fous. |
| Un couvre-pieds, Des couvre-pieds, | Un objet qui couvre les pieds. |
| Un porte-clefs, Des porte-clefs, | Celui qui porte les clefs. |
| Un casse-noisettes, Des casse-noisettes, | Un instrument qui casse les noisettes. |
| Un casse-tête, Des casse-tête, | Un objet, une affaire, ou un bruit qui casse la tête. |
| Un abat-vent, Des abat-vent, | Planches qui abattent le vent. |
| Un avant-coureur, | Un courrier qui va avant les autres. |
| Des avant-coureurs, | Des courriers qui vont avant les autres. |
| Une arrière-boutique, | Une boutique sur l'arrière. |
| Des arrière-boutiques, | Des boutiques sur l'arrière. |
| Un vice-roi, Des vice-rois, | Un magistrat, ou des magistrats faisant les fonctions de roi. |
| Un arc-en-ciel, Des arcs-en-ciel, | Un arc, ou des arcs paraissant dans le ciel. |
| De l'eau-de-vie, Des eaux-de-vie, | De l'eau, ou des eaux qui donnent la vie. |
| Un boute-en-train, Des boute-en-train, | Un homme, ou des hommes boutant ou mettant en train. |
| Un coq-à-l'âne, Des coq-à-l'âne, | Un discours, ou des discours où l'on passe du coq à l'âne. |
| Un chef-d'œuvre, Des chefs-d'œuvre, | *Chef* signifie ici un ouvrage remarquable ou des ouvrages remarquables par l'œuvre et par le travail. |
| Un pied-à-terre, Des pied-à-terre, | Un lieu, ou des lieux où l'on a un pied à terre, où l'on peut séjourner. |
| Un contre-vent, Des contre-vent, | Planches qui sont contre le vent. |

*Remarque.* L'euphonie exige que l'on retranche

l'*e* de l'adjectif *grande* dans les noms composés *grand'mère, grand'messe, grand'salle, grand'-chambre, grand'marée.*

L'apostrophe remplace alors le trait d'union et la voyelle élidée.

Au pluriel l'élision étant la même, l'on prononce et l'on écrit *les grand'mères.* (¹)

*Orthographe usuelle des adjectifs et du passé du participe des verbes, qui, en cette circonstance, peuvent toujours être considérés comme adjectifs.*

La règle des dérivés que nous avons donnée pour les noms peut s'appliquer aussi aux adjectifs qualificatifs en considérant l'adjectif féminin comme dérivé du masculin. Exemples :

| | | |
|---|---|---|
| Grand, | | Grande. |
| Petit, | | Petite. |
| Fort, | | Forte. |
| Borné, | | Bornée. |
| Bossu, | | Bossue. |
| Chaud, | | Chaude. |
| Froid, | | Froide. |
| Lourd, | | Lourde. |
| Pesant, | | Pesante. |
| Gris, | | Grise. |
| Noir, | | Noire. |
| Vert, | A cause | Verte. |
| Haut, | du féminin : | Haute. |
| Carré, | | Carrée. |
| Aimé, | | Aimée. |
| Haï, | | Haïe. |
| Entendu, | | Entendue. |
| Mangé, | | Mangée. |
| Récité, | | Récitée. |
| Ecrit, | | Ecrite. |
| Mort, | | Morte. |
| Envoyé, | | Envoyée. |
| Embelli, | | Embellie. |
| Rendu, | | Rendue. |

(1) Nous devons ce traité de l'orthographe usuelle des noms à l'obligeance d'un ancien professeur de l'université, M. Quéré.

| | | |
|---|---|---|
| Fait, | | Faite. |
| Puni, | | Punie. |
| Danseur, | | Danseuse. |
| Voleur, | | Voleuse. |
| Trompeur, | | Trompeuse. |
| Intérieur, | | Intérieure. |
| Inférieur, | | Inférieure. |
| Extérieur, | | Extérieure. |
| Meilleur, | | Meilleure. |
| Public, | | Publique. |
| Caduc, | A cause | Caduque. |
| Honteux, | du féminin : | Honteuse. |
| Jaloux, | | Jalouse. |
| Gras, | | Grasse. |
| Gros, | | Grosse. |
| Cruel, | | Cruelle. |
| Gentil, | | Gentille. |
| Ancien, | | Ancienne. |
| Fol, | | Folle. |
| Mol, | | Molle. |
| Fripon, | | Friponne. |
| Sot, | | Sotte. |
| Nul, | | Nulle. |

## ORTHOGRAPHE USUELLE DES MOTS VERBES.

### TERMINAISON.

*Premières personnes du singulier.*

On termine par *e*, excepté *je vais* :

1° Le présent de l'indicatif de tous les verbes de la 1<sup>re</sup> conjugaison et de quelques verbes irréguliers de la deuxième. Ex. : *J'aime, j'offre, je couvre, j'ouvre, je cueille, je souffre, je tressaille.*

2° Le présent du subjonctif de tous les verbes : *Que je chante, que je punisse, que je perçoive, que je rende* (¹). Excepté *que je sois.*

3° L'Imparfait du subjonctif de tous les verbes(¹). *Que j'aimasse, que je finisse, que je reçusse, que je rendisse.*

(1) On en trouvera la raison dans la formation des temps.

*On termine par* ai :

1° Le passé défini de la 1ʳᵉ conjugaison : *J'aimai, je chantai.*

2° Le futur de tous les verbes : (¹) *Je chanterai, je finirai, je verrai, je prendrai.*

*On termine par* x, le présent de l'indicatif des verbes *pouvoir, prévaloir, valoir, vouloir* : *Je peux, je prévaux, je vaux, je veux.*

*On termine par* s, toutes les premières personnes du singulier des temps simples des verbes, excepté celles qui sont terminées par *e, x* : *Je finis, je vois, j'écrivais, je courus, je parlerais.*

### DEUXIÈMES PERSONNES DU SINGULIER.

*On termine par* e.

1° Le présent de l'impératif des verbes de la 1ʳᵉ conjugaison excepté *va* et de quelques irréguliers de la 2ᵉ. Ex. : *Parle, cueille, couvre, offre, souffre, tressaille.*

2° Le présent de l'impératif du verbe *avoir*, aie.

*Remarque.* Lorsque ces mots verbes à la seconde personne sont suivis de l'un des pronoms *y, en* ; ils prennent un *s* euphonique. *Portes-y, offres-en, aies-en soin.*

*On termine par* a :

Le présent de l'indicatif du verbe *aller, va.* Ce mot prend aussi un *s* devant *y, en* : *vas-y, vas-en prendre.*

*On termine par* x :

Le présent de l'indicatif des verbes *pouvoir, prévaloir, valoir, vouloir* : *tu peux, tu prévaux, tu vaux, tu veux.*

---

(1) On en trouvera la raison dans la formation des temps.

*On termine par* x :

Toutes les secondes personnes du singulier des verbes, excepté celles qui sont terminées par *e, a, x* : *Tu marches, tu fuyais, tu perçus, tu pris, tu parlerais. Que tu sois, que tu valusses.*

### TROISIÈMES PERSONNES DU SINGULIER.

*On termine par* e :

Toutes les troisièmes personnes des temps des verbes dont les premières personnes se terminent aussi par *e* : *Je récite, il récite ; j'ouvre, il ouvre ; que je punisse, qu'il punisse ; que je rende, qu'il rende.*

Excepté le présent du subjonctif du verbe avoir et de l'imparfait du subjonctif de tous les verbes : *Qu'il ait, qu'il chantât, qu'il aperçût qu'il frémît.*

*On termine par* a :

1° Le présent de l'indicatif des verbes *avoir* et *aller. Il a, il va.*

2° Le passé défini de verbes de la 1<sup>re</sup> conjugaison. *Il aima, il parla.*

3° Le futur de tous les verbes. *Il aimera, il lira.*

*Remarque.* On met un *t* euphonique entre deux traits d'union après ces personnes lorsqu'elles doivent être suivies des pronoms *il, elle, on* : *Chante-t-il bien ? finira-t-on.*

*On termine par* c :

Les verbes *vaincre* et *convaincre : il vainc, il convainc.*

*On termine par* d :

1° Le présent de l'indicatif dont l'infinitif est terminé par *dre*, comme : *mordre, fondre, coudre, vendre, prendre. Il mord, il fond, il coud, il rend, il prend.*

Excepté les verbes dont l'infinitif est terminé par *oudre* ou par *indre* comme *dissoudre, feindre, craindre, joindre*, etc. *Il dissout, il feint, il craint, il joint*, etc.

2° Le présent de l'indicatif des verbes *seoir* et *s'asseoir. Il sied, il s'assied.*

*On termine par* t :

Toutes les troisièmes personnes du singulier des verbes, excepté celles qui sont terminées par *e, a, d. Il finit, il reçoit, il prit, il faudrait, qu'il lût.*

*Remarque.* On met toujours un accent circonflexe sur la voyelle qui précède le *t* dans l'imparfait du subjonctif : *Qu'il eût, qu'il parlât, qu'il redît, qu'il rendît.*

### PERSONNES DU PLURIEL.

#### PREMIÈRES PERSONNES.

*On termine par* ons :

Les premières personnes du pluriel qui font entendre le son final *on* : *Nous aimons, nous finissons, nous recevrons, nous rendrions.*

*On termine par* mes.

Toutes les personnes du pluriel qui font entendre le son final *me* : *Nous sommes, nous arrivâmes, nous partîmes, nous vîmes, nous prîmes.*

#### DEUXIÈMES PERSONNES.

On termine par *ez* :

Toutes les secondes personnes du pluriel qui font entendre le son final *é* : *Vous parlez, vous punissiez, vous receviez, vous rendriez.*

On termine par *tes* :

Les secondes personnes du pluriel qui font entendre le son final *te* :

*Vous dites, vous faites, vous aimâtes, vous reçûtes, vous écrivîtes.*

### TROISIÈMES PERSONNES.

On termine par *nt :*
Toutes les troisièmes personnes du pluriel sans exception :
*Ils aiment, il lisaient, il reçurent, ils font, ils ont.*

*Observations sur la manière d'écrire quelques mots verbes.*

On met une cédille sous le *c* dans les verbes dont le présent de l'infinitif est en *cer* ou *cevoir* lorsque le *c* est suivi de *a, o, u,* afin de lui donner la prononciation de *s* :
*Je perçois, tu perçais, il a reçu.*

Dans les verbes dont le présent de l'infinitif est terminé par *ger*, on met un *e* après le *g* lorsque cette lettre est suivie d'un *a* ou d'un *o*, pour lui donner la prononciation donce du *j* : *Je mangeai, tu mangeas, il chargea, nous déménageons.*

Les verbes dont le présent de l'infinitif et terminé par *ier*, et ceux dont le présent du participe est terminé par *iant*, prennent deux *i* aux deux premières personnes du pluriel de l'imparfait de l'indicatif et du présent du subjonctif. *Nous priions, vous priiez, que nous priions, nous riions, vous riiez, que vous riiez.*

Les verbes dont le présent du participe se termine par *yant* prennent un *i* après l'*y* à ces mêmes personnes et dans les mêmes temps :
*Nous employions, vous employiez, que vous fuyiez.*

Dans ces mêmes verbes l'*y* se change en *i* devant un *e* muet : *J'emploie, que je voie.*

Excepté dans les verbes *rayer*, *s'asseoir*, etc. Dans les verbes terminés au présent de l'infinitif par *eler*, ou *eter*, on double ces deux consonnes lorsqu'elles sont suivies d'un *e* muet : *Appeler, j'appelle, épeler, j'épellerai, jeter, je jette*, etc.

Excepté les verbes *acheter, bourreler, déceler, geler, harceler* et *peler*, mais alors on met un accent grave sur l'*e* qui précède le *l*, et le *t* : *tu achètes, il pèle* etc.

Tous les composés du verbe *dire*, excepté *redire* sont terminés par *sez* à la deuxième personne du pluriel du présent de l'indicatif : *nous contredisez, vous médisez, vous prédisez.*

Les verbes dont le présent de l'infinitif est terminé par *dre*, et qui prennent un *d* à la troisième personne du singulier, conservent cette lettre à la première et à la deuxième personne. *Je mords, tu tords, il mord.*

Les verbes dont le présent de l'infinitif est terminé par *ttre* comme *battre, mettre,* et le verbe *vêtir,* prennent un *t* ; *je bats, tu bats, il bat ; je mets, tu mets, il met ; je vêts, tu vêts, il vêt. Rompre* prend un *p* et *vaincre* un *c* : *Je romps, tu romps, il rompt ; je vaincs, tu vaincs, il vainc.*

---

*Liste de mots étrangers introduits dans la langue française.*

| Latins. | Traduction. | Latins. | Traduction |
|---|---|---|---|
| Ab irato, | Par colère. | Compendium, | Abrégé. |
| Ab ovo, | Dès l'origine. | Duplicata, | Double. |
| Ad honores, | Pour les honneurs. | Diminuendo, | En diminuant. |
| Ad libitum, | A volonté. | Ecce homo, | Voilà l'homme. |
| Ad patres, | Vers les morts. | Ergo, | Donc. |
| Ad rem, | A la chose. | Exeat, | Permission d'aller. |
| Ad hominem, | Selon l'homme. | Ex-professo, | En maître. |
| Alibi, | Autre part. | Extra-muros, | Hors de la ville. |
| Codex, | Recueil de formules. | Fac-simile, | Ecriture semblable. |

| Latins. | Traduction. | Italiens. | Traduction. |
|---|---|---|---|
| *Habeas corpus,* | Liberté sous caution. | *Carbonaro,* | Libéral italien. |
| *Index,* | Indication. | *Concetti,* | Pensées brillantes. |
| *In extremis,* | A l'extrémité. | *Da capo,* | Du commencement. |
| *In partibus,* | Titre dans le pays des infidèles. Evêque in partibus. | *Decrescendo,* | En décroissant. |
| | | *Dolce,* | Doux. |
| | | *Dilettante,* | Amateur de musique. |
| *Intra-muros,* | Dans la ville. | *Far niente,* | Le rien faire. |
| *Ipso facto,* | Par le fait. | *Forte,* | Fort. |
| *Idem,* | De même. | *Fortissimo,* | Très fort. |
| *Item,* | De plus. | *Grave,* | Grave, lent. |
| *Latere* (legat à) | Il est permis | *Grazzioso,* | Gracieusement. |
| *Medium* (le), | Milieu de la voix. | *Larghetto,* | Lent. |
| *Mordicus,* | Avec ténacité. | *Largo,* | Très lent. |
| *Motus,* | Silence. | *Lazzaroni,* | Pauvres de Naples. |
| *Naturalibus*(in) | A nu. | *Libretto,* | Livret, canevas d'une pièce italienne. |
| *Nec plus ultra,* | Qu'on ne peut passer. | | |
| *Nescio vos,* | Je refuse. | *Moderato,* | Modérément. |
| *Nota,* | Note. | *Maestoso,* | Majestueusement. |
| *Novissime,* | Tout récemment. | *Mezzo forte,* | Demi-fort. |
| *Post-scriptum,* | Après ce qui est écrit. | *Macaroni,* | Pâte italienne. |
| *Priori* (à), | De ce qui précède. | *Petto* (in), | En secret. |
| *Quià* (à), | Au silence. | *Piano,* | Doucement. |
| *Specimen,* | Echantillon. | *Pianissimo,* | Très doucement. |
| *Statu-quo,* | Même état. | *Presto,* | Vite. |
| *Subito,* | Tout de suite. | *Prestissimo,* | Très vite. |
| *Tacet,* | Il garde le silence. | *Poco a poco,* | Peu à peu. |
| *Tu autem,* | Difficulté. | *Quintetto,* | Morceau de chant à cinq parties. |
| *Ultimatum,* | Dernière résolution. | | |
| *Vade mecum,* | Qu'on porte avec soi. | *Renforzando,* | En renforçant. |
| *Veni mecum,* | | *Sforzato,* | Forcé. |
| *Varietur* (ne), | De peur de rien changer. | *Smorzendo,* | En diminuant. |
| | | *Solo,* | Seul. |
| *Veto,* | Empêchement. | *Soprano,* | Voix au dessus. |
| **ITALIENS.** | | *Sostenuto,* | Soutenu. |
| *Adagio,* | Lentement. | *Staccato,* | Détaché. |
| *Affectuoso,* | Tendre, gracieux. | *Tutti,* | Tous. |
| *Allegretto,* | } Vif, joyeux. | **ANGLAIS.** | |
| *Allegro,* | | *Comfortable,* | Commode. |
| *Allegrino,* | | *Dandy,* | Fat. |
| *Al segno,* | Au signe. | *Fashionable,* | Petit-maître. |
| *Amoroso,* | Tendrement. | *Groom,* | Domestique. |
| *Andante,* | Lentement. | *Lady,* | Dame de qualité. |
| *Andantino,* | Un peu moins lent. | *Lord,* | Seigneur. |
| *Bravo,* | Bien. | *Milady,* | Femme d'un milord. |
| *Bravissimo,* | Très bien. | *Raout,* | Réunion, foule. |
| *Cantabile,* | Chant facile. | *Spleen,* | Maladie d'ennui. |
| *Crescendo,* | En croissant. | | |

| Arabes. | Traduction. | Arabes. | Traduction. |
|---|---|---|---|
| Aman. | Pardon. | Gourbis, | Détachements de tribus. |
| Boudjou, | Pièce de monnaie (1 fr. 60 c.) | Razzia, | Pillage, surprise, enlèvement de bétail. |
| Déïra, | Maison, famille, domesticité. | Silo, | Magasins de blé, sous terre. |
| Goum, | Troupe auxiliaire, volontaire. | | |

# TABLE DES MATIÈRES.

### A

Accents, 21. Accord des adjectifs, 49. Adjectifs, 30, 45, 47. Adjectifs auxquels il suffit d'ajouter *ment* pour faire des adverbes, 121. Adjectifs déterminatifs, numériques, possessifs (syntaxe des), 154. Adjectifs qualificatifs (syntaxe des), 159. Adverbe, 30, 119. Aïeul, 42. Ail, 42. Analyse grammaticale, 50, 73; — logique, 129. Article, 29, 43, 151. Article (de la répétition de l') 180. Articulation, 17. Alentour, auparavant, davantage, 190. Aussi, autant, tant, 191. Auprès de, près de, avant, devant, 194. A travers, au travers, 194. Aucun, 157. Autant que, d'autant que, 196.

### B

Bétail, 42. Barbarisme, 202.

### C

Capitales, 19. Chaque, chacun, 157. Ciel, 42. Conjonction, 30, 124. Conjugaisons (tableau des quatre), 147. Complément des verbes, 102, 175. Complément direct, — indirect, 103. Consonnes, 19.

### D

Dans, 194. Davantage, 191. Dedans, dehors, 191. De suite, 192. Dessus, dessous, 191. Différentes espèces de mots, 29. Division des temps des verbes, 78. Durant, 195.

### E

Ellipse, 199. Emploi des temps au mode indicatif, 178. —

Conditionnel, 179. — Subjonctif, 180. — Infinitif, 182. — Présent du participe, 184. — Passé du participe, 184. Emploi des quatre parties invariables du discours, 190. Emploi de l'adverbe, 190 ; — des adverbes de négation, 193 ; — de la préposition, 194. En, 194. Entre, parmi, 195. Et, ni, 196.

## F

Figures, 199. Formation du féminin dans les adjectifs qualificatifs, 49. Formation irrégulière du féminin dans les adjectifs, 52. Formation du pluriel dans les adjectifs qualificatifs, 55.

## G

Gallicisme, 202. Genre, 38. Guillemets, 143.

## H

H, sa valeur, 25. Hors, 195.

## I

Introduction, 17. Interjection, 30, 125. Inversion, 201.

## L

Liste des mots étrangers introduits dans la langue française, 225 ; — latins, 225 ; — italiens, 226 ; — anglais, 226 ; — Arabes, 227.

## M

Majuscules, minuscules, 19. Malgré que, 197. Même, 157. Métaphore, 199. Mieux, 192. Modes, 73.

## N

Ni, 196. — Nom sensible, 29, 31. — abstrait, 35. — commun, 33. — propre, 33. — collectif, 150. Noms composés et de leur orthographe. 1re règle, 2e règle, 216. Nom (syntaxe du), 146. Nombre, 38, 65. Nul, 157.

## O

Observations sur les lettres E, Y, H, 24. Observations sur quelques noms qui ne suivent pas la règle générale dans la formation du pluriel, 40. OEil, 42. Orthographe usuelle des noms, 203. — Terminaison en *at, et, it, ot, ut, ait, oit*, 206. — En *as, es, is, os, us, ais, ois*, 207. — En *ée, ie, ue, oie, aie, oue, uie, eue*. — En *tié, té, tée*, 208. — En *é*, 209. — En *au, eau, aux, aut*, 209. — En *eu, ou*, 210. — En *ation, sion, tion, xion*, 211. — En *ment, man, mant*, 212. — En *eur, eure*. — En *ure, ur*. — En *ette, ête*, 212. — En *esse, èce, aisse, ice, isse*. — En *éte, être, aître*, 213. — En *our, ours, ourg*. — En *al, el, il, ol, ul, ail, eil*, 214. — En *ale, ole, ule, aille, alle, elle*, 215. Orthographe usuelle des adjectifs et des mots au passé du participe des verbes, 219. — Des mots verbes à la 1ʳᵉ personne du singulier, 220 ; — à la 2ᵉ personne du singulier, 221 ; — à la 3ᵉ personne du singulier, 222 ; — à la 1ʳᵉ personne du pluriel, 223 ; — à la 2ᵉ personne du pluriel, 223 ; — à la 3ᵉ personne du pluriel, 224. Observations sur la manière d'écrire quelques mots verbes, 224.

## P

Parenthèse, 144. Parmi, 195. Parce que, par ce que, 197. Passé du participe, 109. Personne, 58. Phrase, 129. Pendant, 195. Pléonasme, 200. Plus, mieux, 192. Point. — Points (deux), 142. Point d'interrogation, — d'exclamation, — de suspension, 143. Ponctuation, 140. Près, proche, 195. Préface, 10. Préposition, 30, 122. Prépositions (tableau des), 122. Procédés à suivre pour l'enseignement de la grammaire, 9. Pronom, 30, 57. Pronom personnel, 58 ; — possessif, 59, 167 ; — relatif, 60, 168 ; — interrogatif, 60, 169 ; — démonstratif, 61, 169 ; — indéfini, 61, 170. Pronoms et de leur emploi, 163. Proposition, 130 ; — simple, — composée, — complexe, — incomplexe, — affirmative, — négative, 133 ; — interrogative, — isolée, 134. Propositions (différentes sortes de) ; — principale, — absolue, — incidente, — déterminative, — explicative; 137 ; — elliptique, 138 ; implicite, 139.

## Q

Quand, quant à, 197. Que, 197. Quelque, 158. Quoique, quoi que, 197.

## R

Radical, 78. Règle des dérivés, 203.

## S

Sens et organes, 27. Sons, 17. Si, tant, 191. Solécisme, 202. Sujet, 64, 172. Sur, 191. Syllabe, 20. Syllepse, 201. Syntaxe, 146.

## T

Tableau des verbes irréguliers, 93; — primitifs, dérivés, 78. Terminaisons, 79. Tout, 158. Tout-à-coup, tout d'un coup, 192. Travail, 42.

## V

Verbe, 30, 63. Verbe Avoir, 67. — Être, 70. — régulier, — irrégulier, — défectif, 91. — transitif, — intransitif, 105, 114. — passif, 114. — réfléchi, 114, 116. — unipersonnel, 118. Verbes d'action (division des) 105. Verbe (syntaxe du) 172. Virgule, 140. Voici, voilà, 195. Vis-à-vis, 195.

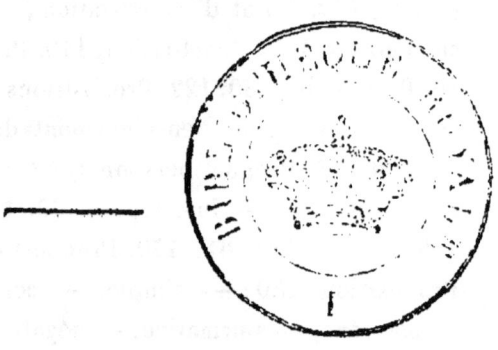

IMP. E. DÉZAIRS, A BLOIS.

www.ingramcontent.com/pod-product-compliance
Lightning Source LLC
Chambersburg PA
CBHW071951160426
43198CB00011B/1636